부모는 가장 좋은 입시 멘토다

부모는 가장 좋은 입시 멘토다

**부모는 가장 좋은
입시 멘토다**

펴낸날 2026년 3월 20일 1판 1쇄

지은이 박성오
펴낸이 金永先
편집 박혜나, 이라야
디자인 검정글씨

펴낸곳 미디어숲
주소 경기도 고양시 덕양구 청초로 10 GL 메트로시티한강 A1-2002호
전화 (02) 323-7234
팩스 (02) 323-0253
홈페이지 www.mfbook.co.kr
출판등록번호 제 2-2767호

ISBN 979-11-5874-919-4 (03370)

미디어숲과 함께 새로운 문화를 선도할 참신한 원고를 기다립니다.
이메일 dhhard@naver.com (원고 투고)

꼴찌에서 의대 입학까지,
성적 급상승의 핵심 변수

부모는 가장 좋은 입시 멘토다

· 박성오 지음 ·

미디어숲

열등생이 아니라,
공부 안 하는 겁니다

자녀가 중학교 첫 시험을 치르고 성적표를 받아 오면, 부모는 눈앞이 캄캄합니다. 대입까지 6년이란 레이스에서 출발부터 늦어진 느낌이 들기 때문이죠. 아이가 고등학교에 가서 첫 성적표를 받아 오면, 부모는 가슴이 답답하다 못해 화가 나기 시작합니다.

그런데 대부분의 아빠는 아이가 고등학생이 될 때까지 앞에 나서기보다 뒷짐 지고 훈수만 놓기 일쑤입니다. "저건 누굴 닮아 꼴통이냐?" 하고 한숨을 내쉬기도 합니다. 누굴 닮긴요. 아빠를 닮아 그런 것을요. 하지만 '날 닮아서'라고 생각하는 아빠는 없을 것입니다. 그러다 보니 호통만 치게 되고, 아이는 "말이 안 통한다"며 아빠를 점점 멀리합니다. 저 역시 다르지 않았습니다. '권위 있는 아빠'라고 자부하며 아이들에게 호통만 칠 뿐이었습니다. 이 책을 읽는 여러분은 무턱대고 으름장만 놓는 아빠인가요, 아니면 아이가 도움을 요청할 때 구체적인 대안을 제시할 수 있는 아빠인가요?

이 책은 공부 안 하는 자녀를 공부시킬 방법을 알려 주는 책입니다. 공부 안 하고, 못하는 자녀 문제로 이 책을 펼쳤다면, 제대로 선택했다고 말씀드리고 싶습니다. 그동안 아이를 키우고 가르치느라 고생 많이 하셨습니다. 지금까지 아이가 신체적, 정신적으로 큰 문제 없이 자랐다면, 넘치도록 잘해 왔으니 걱정하지 않아도 됩니다. 아이가 공부 안 하고 말썽부리는 것은 봄에 꽃 피고 가을에 낙엽 지는 것처럼 너무나 당연한 일이니, 어렵게 생각하지 않아도 됩니다.

지금 이 책을 읽고 있다는 것은 아이의 성장통이 멈출 때가 다가왔다는 신호로 인식될 시점일 것입니다. 저도 똑같은 상황에 지금 제가 쓰려고 하는 책을 찾아다닌 적이 있습니다. 공부 안 하고, 못하고, 게으른 아이를 바르게 가르치기 위해서요. 그런 힘든 마음을 너무나 잘 알고 있기에 딱 그런 궁금증에 대한 답을 본문에 사례 중심으로 이해하기 쉽게 적어 두었습니다.

당시 상황을 간략히 설명하면, 딸은 서울 강북 끝에 있는 여자대학교 2학년에 다니고 있었습니다. 학교 공부는 요즘 표현으로 '1도

안 하고' 동아리 활동에 열중하고 있었기에 성적은 바닥이었습니다. 대학까지 보내놨더니 하라는 공부는 안 하고 딴짓만 하는 딸의 장래가 걱정되어 공부해야 하는 이유를 장황하게 설명했지만, 눈 하나 깜빡하지 않더군요. 한술 더 떠 3학년 때는 동아리 회장까지 맡아 공부를 더 멀리했습니다.

딸은 아들에 비하면 아주 양호한 편이었습니다. 고등학교 2학년인 아들은 밴드부 활동에 심취해서 공부에 손을 놓은 것으로도 모자라 자퇴하겠다고 고집을 부리고 있었습니다. 물론 공부는 중학교 때부터 줄곧 하위권을 벗어나지 못했지요. 이런 딸과 아들의 상황보다 더 어려운가요? 그래도 괜찮습니다. 상황이 더 어려운 아이도 공부해서 명문 대학교에 진학했으니까요.

이 책에는 딸과 아들을 가르친 경험 외에도 중학교 때부터 공부를 포기하여 꼴찌로 고등학교를 졸업한 아이의 이야기도 포함했습니다. 그 아이는 고등학교 2학년 때는 아예 학교에 가지 않고 산업체 현장 실습을 했습니다. 학교 성적표에 전체 석차를 표시하지 않아 정확한 등수는 알 수 없지만, 아마 꼴찌를 도맡았다고 생각하면 맞을 것입니다. 중학교 3학년 성적표를 보니, 1학기, 2학기 '미' 하나에 나머지는 모두 '가'였으니까요.

결론부터 말씀드리면 앞에 소개한 세 아이가 모두 의대, SKY 대학원, 명문 대학교에 입학했습니다. 고등학교 3학년 때, 산업체 현장 실습을 나갔던 아이는 인서울 대학 중 하나인 한양대, 그것도 전통적 명문으로 알려진 공대에 입학했습니다. 어떻게 그게 가능했는지 그 비결을 본문에 조목조목 소개할 예정입니다. 읽어 보면 대부분 해 왔던 것들이라 별로 어렵지도 않을 것입니다.

공부 안 하고, 못하는 아이가 공부하는 모습을 보려면 맨 먼저 아이를 잘못 가르친 부모의 반성이 필요합니다. 공부 안 하는 아이를 책상에 앉아 공부하게 하려면 이렇게 순서가 있고, 단계를 거쳐야 합니다. 어렵지 않지만, 자신의 고정관념을 넘을 수 있어야 아이가 공부를 시작합니다. 부모가 '내가 뭘 잘못했기에'라고 생각하면, 아이는 달라지지 않습니다. 어제와 오늘이 같으면 내일의 변화를 기대할 수 없는 것과 같습니다.

제가 10년 전 반성하고 결심하지 않았다면, 아들은 지금쯤 기타만 메고 다니며 뜬구름 잡는 이야기만 하고 있을 것입니다. 딸은 밤 늦도록 일하고도 합당한 대우를 못 받는다고 불평하면서 꾸역꾸역 직장을 다니고, 지인의 아들은 피시방을 전전하면서 다크서클이 드리운 눈으로 하루를 보내고 있을지도 모릅니다.

천재 물리학자 알베르트 아인슈타인Albert Einstein은 네 살 때 처음으로 "앗 뜨거워!" 하고 말문을 열었다고 합니다. 게다가 초등학교 때 학습 능력이 떨어지고, 주의가 산만한 문제아여서 교실에서 쫓겨난 일도 있었습니다. 아인슈타인의 어머니는 "너는 똑똑한 아이"라고 말하면서 직접 가르쳤습니다. 남다른 아이를 남다르게 가르친 부모의 교육 철학이 20세기 최고의 물리학자를 만들어 낸 것이죠. 그 후 아인슈타인은 "모든 사람은 천재다. 하지만 나무 타기로 물고기의 능력을 평가한다면, 물고기는 평생 자신이 형편없다고 믿으며 살아갈 것이다"라는 말을 남겼습니다. 지금 당신의 자녀가 나무 타기 실력을 평가받고 있는 물고기일지도 모릅니다.

자녀에게 문제가 있다면 지금이 해결하기에 가장 빠른 시기입니다. 두려워하지 말고 무엇이든 시작하세요. 오늘 시작하지 않으면 내일은 분명 오늘보다 더 힘들어질 것입니다. 서두르지 않고 꾸준히 노력하면 어느새 꿈에 그리던 목적지에 도착한 자신을 발견하게 될 것입니다.

저자 박성오

차례

우등생을 만드는 부모 vs. 열등생을 만드는 부모

. . . . .

자녀 교육 전문가 대다수는 "자녀 스스로 결심하고 행동하게 하라"고 이야기합니다. 그렇다면 '자녀 스스로' 무언가를 결심하게 하기까지 부모는 어떤 태도를 보여야 할까요? 아이가 초·중·고등학교 의무 교육을 받고 자신의 진로를 선택할 때까지 뒷짐만 지고 있는 부모는 아마도 없을 것입니다. 소아청소년정신건강의학과 전문의 천근아 교수는 "부모도 완벽하지 않고 아이도 완벽할 수 없다"라고 말합니다. 완벽하지 않기에 부모는 아이에게 믿음을 주고, 아이 스스로 자신을 믿도록 지지해 줘야 합니다.

평범하니까 노력한다

"아이들을 강하게 만드는 것은 시련이 아니라, 시련을 견디게 하는 어른
이다."

• 프리드리히 니체Friedrich Wilhelm Nietzsche, 독일의 철학자

자녀 교육, 어려운 게 당연하다

자녀 교육은 참 어렵습니다. 이렇게 단언하는 이유는 여태껏 만
난 사람 중에서 자녀 교육에 자신 있어 하는 사람은 단 한 명도 보지
못했기 때문입니다. 학문적 소양이 깊고, 사회적 지위가 높아도, 이

름난 교육 전문가라 해도 자녀의 교육 문제에 있어서는 한숨을 푹푹 내쉬며 고개를 절레절레 젓기 마련입니다.

제 가까운 지인 중에도 "난 교육에 관해 하나도 몰라" 하며 선을 긋는 사람이 있습니다. 자신은 한 걸음 뒤에서 지켜보기만 할 뿐, 굳이 발을 들여놓고 싶지 않다는 뜻이지요. 그가 이렇게 말하는 이유는, 자녀 교육이야말로 정답 없는 난이도 최상급의 문제라는 사실을 깨달았기 때문입니다. 이에 더해, 자신이 관여하면 자녀와 갈등만 생기고 가정의 화목이 깨진다며 '가화만사성'까지 들고나오는 이도 있습니다.

식사 자리에서 만난 한 선배는 반찬으로 나온 묵 집기에 계속 실패하면서 "봐, 자식 교육은 이 젓가락으로 묵 집는 것보다 훨씬 더 어려워"라고 하더군요. 너무 세게 집으면 갈라지고, 너무 약하게 집으면 미끄러져 아무것도 건질 수 없기 때문이라고요. 게다가 어렵게 집은 묵이 바닥에 떨어질 수도 있습니다. 젓가락에 온통 신경을 집중해도 집어 올릴 수 없을 때가 있지요. 비유가 절묘해 웃고 넘어갔지만, 자녀 교육의 어려움이 고스란히 배어 있어서 뒷맛이 씁쓸했습니다.

'그렇다면 부모는 자녀 교육에서 뒷짐만 지고 있어야 하는가?'

이 질문에 또 많은 사람이 고개를 젓습니다. 방관은 절대 금물이라는 것입니다. 입시 컨설턴트 최성현 씨는 자신의 저서 『아이와 나는 한 팀이었다』에서 "부모의 노력에 따라 평범한 아이가 수재로 키워질 수도 있고, 반대로 수재가 될 만한 아이가 평범하거나 낙제생이 될 수도 있다"라고 이야기합니다. 아이를 정확히 파악하고 마땅한 관심과 적절한 공부 방법을 제시하는 것이 부모가 해야 할 일이라는 것이지요. 때론 부모의 정보력에 의해 아이의 진로가 결정되고 성공이 좌우되기도 합니다. 그렇다고 해서 아이를 무작정 이끌고 가라는 뜻으로 받아들여서는 안 됩니다. 아이가 걸음을 멈추었다면, 억지로 손을 잡아끌지 말고 같이 한 걸음 멈추는 것도 부모가 감당해야 할 역할이니까요.

태교부터 시작된 교육은 끝없이 이어집니다. '아빠' '엄마'를 다른 아이보다 조금 빨리 했다는 사실을 근거로 아이가 영재 반열에 오르기도 하고, 아직 서너 살밖에 안 됐는데 알파벳을 읽을 줄 안다는 이유로 천재가 되기도 합니다. 그러나 유치원, 초등학교에 들어가면서 점차 자신의 아이가 지극히 평범하다는 걸 깨닫게 되지요. 분명히 어릴 적 '영재' '천재' 소리를 들었던 아이였기에, 부모는 자신에게서 문제점을 찾으려 합니다.

'내 교육이 문제였나?'

'교육 시기를 잘못 택한 것 아닌가?'

'아이의 성장 가능성을 열어 주지 못하고 있는 건가?'

이런 생각에 갑자기 마음이 조급해지고, 교육에 관한 관심과 열의가 불타오르기도 합니다. 하지만 달리 뾰족한 방법이 있는 것도 아니지요. 그러기에 더욱 제대로 된 교육 방법이 간절해집니다. 이즈음 가장 주목하는 게 학원입니다. 자신이 가르치는 데 한계가 있음을 깨닫고 나면 곧바로 입소문 난 좋은 학원을 물색하기 시작합니다. 그곳에 다니면 성적이 오르리라 믿기 때문입니다. 나아가 예·체능을 필수적으로 끼워 공부 체력을 길러 주면서 교과의 전 영역에서 자녀가 활약하기를 바라지요.

초등학교부터 중·고등학교까지 영어, 수학 등의 주요 과목 학원은 필수입니다. 과학·체육·음악·미술·한자·컴퓨터 등도 한 번씩은 다 가르칩니다. 다양하게 가르쳐 보고 잘하는 과목, 관심과 재능을 보이는 분야에서 진로를 찾아보겠다는 결의를 다집니다.

개중에는 스트레스를 이겨내고 열심히 하는 아이도 있는 반면, 부모의 눈치를 봐 가면서 학원 출석만 하는 아이도 있습니다. 그 결과, 학원을 아무리 다녀도 성적은 잘 오르지 않고, 어쩌다 성적이 오르는가 싶다가도 일시적인 경우가 대부분입니다. 일반적으로 공부에 대한 아이의 의지가 바뀌지 않는 한 그렇다는 이야기입니다.

그런데 교육에 관심이 많은 부모라 해도 상황은 별반 다르지 않습니다. 특별한 우등생 전략이나 철저한 진로 계획 같은 맞춤형 지도는 엄두를 내지 못합니다. 그만큼 교육에 대해 아는 게 별로 없기 때문입니다. 아이가 열심히 공부하는 만큼, 부모도 교육 사이트나 교육 관련 온라인 커뮤니티에 가입해 정보를 얻으려 노력하는 이유가 여기에 있습니다.

서로 다른 교육관은 부딪히기 마련이다

가정 내에서 자녀 교육의 적극적인 양육자는 아무래도 '아내' 즉 아이의 엄마입니다. 학교 진학이나 입시 학원에 대한 정보를 찾는 일도 대체로 엄마 몫이지요. 그러다 보니, 교육을 주요 테마로 삼고 있는 '맘 카페'는 있어도 아빠들이 활약하는 '대디 카페'는 보지 못했습니다. 진로 관련 세미나에 가도 이야기는 별반 다르지 않습니다. 대부분 여성이 자리를 가득 메우고 있습니다.

그렇다면 아빠들은 교육에 관심이 없는 걸까요? 꼭 그렇지만도 않습니다. 직장 생활 혹은 사회 활동에 치중한 탓이기는 하지만, 앞서 언급했듯이 교육이란 분야가 굉장히 포괄적이고 시간과 노력이 뒷받침되어야 하기에 적극적으로 나설 자신이 없는 것입니다.

확실한 건, 아이가 뭐든 잘했으면 하는 바람은 아빠와 엄마 어느 쪽도 뒤지지 않는다는 사실입니다. 다만 교육에 대한 가치관은 서로 다를 수 있고, 이에 따른 갈등이 생기기도 합니다. 가장 흔한 예는, 한쪽은 우등생으로 키우고 싶어 하고 다른 한쪽은 공부가 인생의 목표가 돼서는 안 된다고 생각하는 것입니다. 다시 말해 학생일 때 공부에 집중해 성적을 끌어올리고 원하는 대학, 목표를 이룬 뒤 하고 싶은 것을 마음껏 하라는 교육관과 공부는 좀 못하더라도 하고 싶은 것에 도전하고 성취감을 느끼게 하자는 교육관이 맞서면, 간극은 좀처럼 좁혀지지 않습니다. 어느 한쪽이 뜻을 굽히거나 설득을 포기해야 합니다.

저희 부부도 이와 별반 다르지 않았습니다. 아내는 아이들이 평범하게 자라길 바랐지만, 저는 내심 두 아이가 우등생이 되길 바랐습니다. 물론 예체능까지 잘하면 금상첨화라는 욕심도 있었지요. 아내는 아이들이 원하는 대로 딸에게는 골프 레슨을 받게 하고, 아들은 음악학원에 등록해 기타와 피아노를 배우게 했습니다. '하다 말겠지' 하는 생각으로 일단 동의했건만, 아들은 '잠시' 하고 마는 수준에서 그치지 않더군요. 오히려 고등학생 시절 밴드 동아리에 빠져 공부는 늘 뒷전인 채 기타만 들고 학교를 오갔습니다. 저는 아내와 말다툼하는 일이 잦아졌고, 자연스레 아들과의 관계도 멀어졌습니다.

양육자의 교육관 갈등은 자녀를 몹시 혼란스럽게 만듭니다. 아빠는 학업을 우선시하는데 엄마는 원하는 것을 마음껏 하도록 가르치고 싶다고 하면, 아이는 어느 쪽으로 마음이 기울까요? 당연히 공부보다는 하고 싶은 것을 하라고 하는 엄마 편에 설 것입니다. 그러니 "공부할래? 음악 할래?" "공부할래? 운동할래?" 이러한 질문은 별 의미 없습니다. 아이들은 공부보다는 음악이나 운동을 택할 가능성이 크니, 물어보나 마나 답은 이미 정해져 있는 셈이니까요.

이때 아이가 학업에 매진하기를 원하는 양육자는 한 걸음 물러나 관망합니다. 자녀가 초등학생이라면 원하는 걸 해 보는 것도 나쁘지 않다는 느긋한 마음으로 기다려 보기로 마음먹습니다. '당장은 좋아도 조금 하다 말겠지'라는 심산으로 지켜보는 것이지요.

하지만 중학생이나 고등학생이라면 얘기가 달라집니다. 자녀가 왜 이 중요한 시점에 엉뚱한 선택으로 시간을 낭비하는지 이해하기 힘듭니다. 호기롭게 "그렇게 원한다면 한번 해 봐"라고 말할 수는 있지만, 불과 몇 달만 지나도 불안해지기 마련이고 못마땅한 기색이 밖으로 표출되지 않을 리 없습니다. 이는 결국 자녀와의 갈등으로 이어집니다.

반면, 공부를 선택할 때는 어떨까요? 어느 영화에 "자식이 미운 이유는 나를 닮아서 그렇고, 자식이 너무 미운 이유는 나를 너무 닮아서 그렇다"라는 대사가 나옵니다. 딸이든 아들이든 자신을 닮으면 많이 다투게 됩니다. 서로 마음을 꿰뚫고 있으니 말이 더 안 통합니다. 그래도 더 오래 살아 본 경험으로 제안하고 더 나은 길을 제시하지만, 순순히 따라줄 리 만무하지요. 그토록 수학학원 외 종합학원에 다니며 성적을 관리하라고 누누이 얘기하지만, 소귀에 경 읽기일 뿐입니다. "내가 알아서 할게!"라며 제 방문을 쾅 닫고 들어가면 아무리 기 센 부모라도 달리 도리가 없습니다. 고집 센 건 자신과 닮은 꼴이라 더 밉습니다.

그러다가 나중에 내신 관리와 수능 준비까지 힘에 부칠 때가 되어서야 후회합니다. 그리고 '차라리 검정고시 볼까?'라는 볼멘소리를 하지만, 자신의 미래를 불안해하는 마음이 담겨 있는지라 대책 없이 나무랄 수도 없습니다.

자녀의 공부에 부모가 관여할수록 다툼은 비일비재합니다. 좋게 대화하다가도 5분도 지나지 않아 큰소리가 나기 시작합니다. 화제가 시험과 점수에서 벗어나지 못합니다. 학습의 방법이 다르고 이심전심의 완벽한 소통이 어렵기 때문입니다. 좋은 대학에 보낸 대부분 가정이 비슷한 갈등이 있었으리라 장담합니다. 이렇듯 자녀교육은 멀리서 보면 희극인데 가까이서 보면 비극이라 할 수 있습니다.

누구나 부모의 역할은 처음이고 자녀 교육은 0에서 시작합니다. 아울러 많은 부모가 '아이의 성적'을 자신의 자녀 교육 성적표로 보기에 시험 점수에 더 민감해질 수밖에 없습니다. 아이의 학교 성적이 오르면 행복하고, 그날만큼은 집안에 웃음이 넘치지요. 반대로 성적이 떨어지면 집안 분위기는 침울하게 가라앉습니다. 일촉즉발의 위기로 사소한 일에도 언성이 높아집니다. 이는 아이의 중학교 시기부터 더 극렬해집니다.

자녀가 고등학교에 들어가면 아이를 믿고 응원해 주는 길밖에 없지만, 이를 지켜보는 부모는 성적이나 등급에 더 전전긍긍하게 됩니다. 기대치보다 성적이 나오지 않으면 "이 성적으로 대학 갈 수 있겠어?"라며 불안한 아이 마음에 불을 댕깁니다. 당연히 폭발음은 클 수밖에 없습니다. 썰렁해지는 집안 분위기는 어떡할 것이며, 계속 공부해야 하는 아이의 컨디션은 어떻게 챙겨야 할까요. 문제는 아이가 아니라 부모에게 있습니다. 자녀 교육에 지대한 관심을 가진 부모 말입니다.

자녀 교육에 있어서 부모는 구심점이자 주춧돌의 역할을 담당해야 합니다. 이를 위해 정서적으로 안정된 가정을 이루고 강한 정신력으로 무장해야 하지요. 흔들리는 모습을 보이거나 조급한 마음으로 아이를 채근해서는 안 됩니다. 오지 않은 미래, 보이지 않는 미래를 미리 걱정하며 불안해해서도 안 됩니다. 아이를 믿고 그 가능성을 열어 줄 때 아이는 무궁무진하게 성장할 수 있습니다.

불안정한 부모의 심리는 아이에게 독이 된다

무엇보다 자녀 교육은 정서적으로 안정된 가정에서 이루어져야 합니다. 아울러 화목한 가정환경에 필요한 첫 번째 요소가 안정적인 부부관계라는 사실을 부인할 사람은 없습니다. 인성과 자존감을 형성하는 시기인 사춘기, 나아가 성인으로 발돋움하는 고등학교 시절에는 특히 가정에서 부모의 역할이 주요하게 작용합니다. 엄마나 아빠 둘 중 어느 한쪽에 의존할 문제가 아닙니다. 그렇게 되면 오히려 역효과가 나타날 수 있습니다. 단언컨대 자녀 교육에 있어서는 부모 중 누구도 방관자가 되어서는 안 됩니다.

이때 가장 중요한 것은 부모와 자녀의 교감입니다. 소아정신건강의학과 전문의 신의진 교수는 그의 저서 『현명한 부모가 꼭 알아야 할 대화법』에서 이렇게 말합니다.

"부모는 대화를 통해 아이에게 더 넓은 세계를 보여 주어야 하고, 삶의 비전을 제시해야 한다. 아이에게 흔들림 없는 정서적 지지를 제공하는 동시에 아이가 한층 더 성장하게끔 보다 큰 견지에서 이끌어 주는 것, 그것이 바로 부모들이 아이와 나눠야 할 대화다."

그런데 이때 자녀에 대한 책임감과 애정이 지나치면 갈등이 유발되고 돌이킬 수 없는, 혹은 용서받을 수 없는 지경에 이르기도 합니다. 특히 자녀의 반응을 살피며 돌려서 말하기보다 직설적으로 말하는 경향이 짙은 부모라면, '너 잘되라고 하는 말'이 언어폭력이 되고 바른 언행을 위한 잔소리가 치명적인 마음의 상처로 남기도 합니다.

반면에 학습을 아이 자율에 맡기는 부모도 있습니다. 아이가 하고 싶은 건 가르치되 하기 싫은 건 안 가르치겠다는 심리입니다. 왜 그런 선택을 했냐고 물으면 "아이의 행복이 최우선"이라는 답이 돌아옵니다. 어느 부모는 "공부 잘한다고 성공한 인생을 사는 것도 아니잖아요?"라고 반문하기도 합니다.

모두 맞는 말입니다. 하지만 아이들은 지극히 본능에 충실하기 때문에 자신의 가능성이나 역량이 어느 정도인지 모릅니다. 어느 정도까지 공부하면 되는지, 어디까지 인내심을 발휘해 도전해야 할지, 또 어려움을 극복하는 힘은 얼마만큼인지 알 수 없습니다. 조금 힘들면 뭐든 안 하고 싶어 하고 귀찮으면 뒤로 미룹니다. 열 명에게 물어보면 아홉 명 이상은 공부보다 노는 것을 좋아할 것입니다. 그러므로 마냥 아이의 자율에만 공부를 맡겨 둘 수 없습니다.

부모가 자녀 학습을 도울 때 가장 조심스러운 부분이 정서, 정신적 피해입니다. 학교, 학원, 독서, 숙제는 '책임'의 영역에 들어가기에 종용하고 검사한 건데 아이는 통제로 느낄 수 있습니다. 이는 학업 스트레스가 되어 치료가 필요한 지경에 이르기도 합니다. 아이들에게 쉽게 나타나는 'PTSD(외상 후 스트레스 장애)'는 자신이 감당할 수 없는 사건을 겪고 나면 증상이 나타날 수 있다고 말합니다.

아이들은 정서적 충격에 취약합니다. 정신력도 성인만큼 강인할 수 없습니다. 그러므로 아주 쉽게 깨지는 유리컵처럼 작은 충격에도 쉽게 자제력을 잃어버리기도 합니다. 아이가 학업으로 부모에게 상처받으면 그 순간만큼은 기억 속에 영원히 저장됩니다. 그리고 어른이 되어서 그날 자신이 받은 처우가 정당했는지 판단하게 되지요. 그래서일까요? 어느덧 성장해 성인이 된 저희 아이는 지금도 "아빠가 없었으면 공부를 더 잘했을 거야"라고 말하곤 합니다.

하지만 돌이켜보면, 부모였음에도 저는 정신적으로 미성숙했습니다. 정신의학 관점에서 보면 사랑에 빠진 사람이나, 망상장애를 앓고 있는 사람은 비합리적 행동과 오해 속에서 살아간다고 합니다. 그로 인해 애정결핍, 분리불안, 트라우마, PTSD 등 많은 신경정신장애 증상이 생기기도 합니다. 용어들만 봐도 치유가 어렵고 회복이나 완치가 쉽지 않은 정신적 문제임을 알 수 있습니다. 그래서일까요? 윌리엄 서머싯 몸William Somerset Maugham은 그의 저서 『써밍 업The Summing Up』에서 이렇게 말합니다.

"인간은 누구나 미쳐 있다. 단지 정도의 차이가 있을 뿐."

이런 증상이 제게 고스란히 나타나 아이가 연락이 안 되거나, 학교 행사인 수학여행이나 현장학습 등으로 지역을 이동하면 회사에서 일을 못 할 정도로 불안했습니다. 전형적인 '분리불안' 증세였지요. 아빠가 생활에 불안한 모습을 보이니 아이들도 학교에서 안정적으로 생활할 리 없었습니다. 결국 저는 아빠인 저의 문제가 아이의 미래에 치명적인 영향을 끼칠 수도 있음을 깨닫고 곧바로 심리학, 철학, 정신건강의학과 상담 사례 관련 책을 읽었습니다. 비슷한 분야의 책을 한 달에 30권을 읽다 보니, 어떤 책은 목차만 봐도 내용을 파악할 수 있게 되었지요. 마지막으로 정신건강의학과 전공 교재를 읽었습니다. 나를 이해하자 증상이 조금씩 완화되었고 어느 순간 완전히 벗어날 수 있었습니다.

제가 정신적 문제에 시달리고 있을 때 다행히 아내가 중심을 잡아 주었습니다. 아이들에게 아빠의 상태를 알리고 이해시켰습니다. 자칫 큰 갈등으로 번질 문제에서 아이들을 다독이며 정상적 생활이 가능하도록 유도했습니다. 부부간 다툼이 생겨도 아내는 최대한 아이들의 상황을 고려해 참았고 문제를 제기하지 않았습니다. 그랬기에 자녀 교육 과정에서 겪는 아이들과의 갈등 위기를 순조롭게 넘길 수 있었던 것이지요.

지금은 흔들리지 않는 교육 철학이 필요할 때

"교육은 한쪽이 가르치고 다른 쪽이 배우는 과정이 아니다. 함께 경험하며 성장하는 과정이다."

• 존 듀이John Dewey, 미국의 교육학자

놀며 공부하며 생각 키우기

지극히 개인적인 생각이지만, 공부를 좋아하는 아이는 없습니다. 있더라도 극히 일부일 뿐이지요. 하지만 아이들은 끊임없이 무언가 하길 원합니다. 아무것도 모르는 것 같지만 학교에 다니는 이상 공부도 해야 하는 것임을 분명히 자각하고 있습니다. 어렵고 힘든 공부이지만 스스로 잘하고 싶어 하고 좋은 성적으로 칭찬받고 싶어 합니다. 인지상정 아닐까요? 그런 아이에게 '영어'와 '수학'에서 우수한 점수를 원했더니, 영어·수학만 빼고 나머지 과목은 낙제점을 받습니다. 바로 여기서 우리는 아이들이 가진 가능성을 발견하게 됩니다. 그리고 그 가능성은 세상을 향해 활짝 열려 있습니다.

제가 아이 교육을 지켜보기만 하던 방관자에서 적극적인 가담자로 변모할 수밖에 없었던 이유는 아이의 가능성을 믿었기 때문입니다. 천성이 게으르고 나태해서, 음악을 좋아해서, 스포츠에 열광해서 공부를 못했던 게 아니었어요. 길을 몰라 헤맸던 것이고 방향을 잘못 잡아서 공부라는 특정 분야에 있어서 이른바 '열등생'의 처지가 되었을 뿐입니다. 무릎을 구부려 아이와 눈을 맞춰 보면 기대보다 많은 가능성이 보입니다. 우리는 그 길을 향해 나아가야 합니다.

아울러 공자는 '지지자 불여호지자, 호지자 불여락지자^{知之者不如}好之者, 好之者不如樂之者'라 했습니다. 『논어』 '옹야^{雍也}' 편에 나오는 말로, '아는 사람은 좋아하는 사람만 못하고, 좋아하는 사람은 즐기는 사람만 못하다'라는 뜻입니다. 교육 관련 업무에 종사하는 사람이라면 즐겨 쓰는 문구로, 공부를 즐기라고 공부를 즐기면 따라올 자가 없다고 최고 등급에서 놀게 된다고 주지할 때 언급합니다. 그러나 생각해 보면, 사실 공부를 즐기기는 어렵습니다. 점수와 석차, 등급, 합격점으로 경쟁을 벌여야 하는 아이들에게 즐기고 싶은 여유가 허락되지 않기 때문입니다. 그렇다고 딱히 현실적인 대안이 있는 것도 아닙니다.

여기서 제가 어릴 때 공부에 관심을 두게 된 경험을 이야기해 보고자 합니다. 그로 인해 학습, 즉 배우고 지식을 쌓아 가는 것에 흥미가 생겼고 성장 과정에서 남부럽지 않은 지적 욕구를 발휘할 수 있었기 때문입니다.

여덟 살 때 처음 접한 '놀이 수학'의 경험은 어른이 된 지금도 잊을 수가 없습니다. 학원이나 학습지가 없었던 시절이었으니, 입학 전 교육은 대부분 가정에서 이루어졌어요. 한글 쓰기와 읽기는 그나마 수월했지만, 수학을 가르치기란 결코 쉽지 않았을 것입니다. 이때 제 어머니는 형과 저를 나란히 앉혀 두고 '화투'를 알려 주셨습니다. '교육은 아이들이 흥미를 갖는 것에서부터 시작된다'라는 나름의 교육 철학을 갖고 계셨던 것 같습니다.

플라스틱으로 된 그림에 숫자는 쓰여 있지 않았지만, 목단·풍·비·똥 등 화투 패를 보며 그림을 숫자로 치환해 이해하기에 이르렀습니다. 한발 더 나아가, 어느 패를 가져와야 유리한지 빨리 암산해야 이길 수 있었으므로 더하기, 빼기 능력을 저절로 익힐 수 있었습니다. 단순히 재미를 위해 하는 게임이었는데 수리 영역의 기초가 쌓아진 셈입니다. 여기서 굳이 이 방법을 언급하는 이유는 형과 저는 화투로 기초를 쌓아 수학을 잘하게 되었지만, 어머니가 일찍 돌아가신 탓에 이를 경험하지 못한 다섯 살 아래 동생은 초등학교 저학년 때부터 '수포자'로 남았기 때문입니다.

저 또한 어머니에게 배운 기술을 그대로 아이들에게 전수했습니다. 아이들이 유치원에 다닐 무렵부터 가족이 자주 화투로 놀았습니다. 여러 번 시범을 보인 뒤, 아이들이 흥미를 느꼈을 때 기초적인 방법을 가르쳤지요. 그러던 어느 날, 아이들이 모아 둔 용돈을 가져오게 해서 본격적인 게임을 시작했습니다. 그랬더니 더하기 빼기는 물론이고 곱하기까지 자연스럽게 계산하는 게 아니겠어요? 나아가 자신이 가진 돈을 운용하는 방법까지 터득하고 있었습니다. 물론 용돈은 도구로만 사용했을 뿐, 게임의 선을 벗어나지는 않았습니다.

어떤 사람에게는 이 예시가 조금 우스울지 몰라도, 즐길수록 흥미가 생기는 학습의 기본 원칙에는 동의할 것입니다. 최정금심리학습클리닉의 최정금 소장은 자신의 저서 『엄마와 함께하는 학습 놀이』에서 "자녀 교육에 있어 가장 중요한 것은 '놀이를 하는 것'과 같이 즐거운 공부 환경을 만들어 주는 것"이라고 말했습니다.

만약 어릴 때 계산 놀이를 놓쳐 버린 부모라면 일본 초등학교 교사였던 가게야마 히데오의 '기적의 계산법'을 놀이처럼 하면 훌륭한 수학 실력을 갖출 수 있습니다. '기적의 계산법'은 가로세로 10칸에 숫자를 넣고(상측, 좌측) 더하기, 빼기, 곱하기, 나누기로 가운데 빈칸을 채우는 계산법으로 계산 시간을 측정합니다. 이 방법으로 공부한 학생의 상당수가 일본 도쿄대학교에 입학했다는 사실도 알려져 있습니다.

각종 교육 관련 기초 서적에서 블록으로 셈하기, 주사위로 셈하기 등 게임으로 연산하는 교육이 효과적이라고 소개합니다. 화투, 블록, 주사위, 빈칸 채우기 등 어느 것이든 상관없습니다. 아이가 공부한다는 느낌을 받지 않고, 즐겁게 놀면서 자연스럽게 연산을 배울 수 있다면 좋은 공부 방법입니다.

어학 능력도 마찬가지입니다. 영어 성적을 위해 부모가 문제집을 먼저 사 주면 대부분 실패합니다. 학습 능력이 오히려 떨어지고 공부에 반감만 키울 수 있습니다. 아이가 관심 있는 팝송이나 영화, 애니메이션을 통해 접근해야 어학에 흥미가 생깁니다. 과학 성적이 떨어져 고민이라면 물리, 화학, 생물 등 그 영역에 있는 재미있는 영상을 찾아 아이에게 제시해 보세요. 미소를 지으며 새롭게 관심을 보이고, 호기심이 생겨 스스로 자료를 찾아보고 공부하게 될 것입니다.

아이들이 공부에서 멀어지고 있을 때, 곁길로 빠져 도무지 공부로 선회하지 못하고 있을 때, 공부의 문턱에 걸려 뒤돌아서려고 할 때 교육학, 공부법, 고전을 통해 알게 된 진리는 '어떤 방법으로든 공부에 흥미를 느끼게 하라'는 것입니다. 어릴 적 즐기는 경험을 했다면 그 느낌을 되찾으면 될 것이고, 그런 경험이 전무하다면 아주 사소한 부분부터 흥미를 끌어올려 즐길 거리를 마련해 주면 됩니다. 공자가 즐기는 것의 중요성을 말한 것처럼, 게임을 하면서 연산을 익힐 수 있다면 최고의 공부 방법이 될 것입니다. 놀이를 통한 공부 방법은 아직 수학에 흥미를 갖지 못한 초등학교 저학년 아이에게 적용해 보면 좋은 효과를 기대할 수 있습니다.

남들 따라 하는 교육의 딜레마

십여 년 전, 중학교 2학년 딸과 초등학교 5학년 아들을 1년간 뉴질랜드로 어학연수를 보냈습니다. 즐겁게 영어를 배우기를 바랐던 탓이었지요. 경제적 여유가 없던 시기에 어렵게 보낸 터라 공부에 집중하기를 바랐습니다. 잘하고 있는지 옆에서 체크할 수 없기에 일주일에 한 번, 토요일 오전 9시 40분 KBS 〈걸어서 세계속으로〉가 방영되는 시간에 아이들과 영상 통화를 하곤 했습니다. "잘 지내고 있느냐" "아픈 곳은 없느냐"는 일상적 인사를 나누고 학과 진도와 학습량을 체크했지요. 조급한 마음에 주말마다 공부한 내용을 확인했지만, 일주일 만에 특별히 달라진 게 없다는 사실을 확인하고 아쉬워하곤 했습니다. 이는 어학연수에 임하는 서로의 기대치가 달랐던 탓입니다.

부모 입장에서 '어학연수'는 아이의 미래를 위한 과감한 투자입니다. 외벌이의 넉넉하지 않은 형편이지만 아이에게 새로운 기회를 제공하며 훗날 영어 실력으로 두각을 나타내고 학업 능력을 업그레이드해 경쟁력을 높여야 한다는 계산이 깔린 결정이니까요. 그러기에 투자 비용에 비해 거둬들이는 이익은 몇 배의 가치를 얻어야 했습니다. 아이들에게 학습의 긴장을 유도하고 어휘력 향상을 종용하는 이유도 여기에 있었습니다. 어학연수의 기회를 즐기기보다 몰두하고 몰입하기를 원했기에 부드럽게 말하는 한마디 한마디에 힘이 들어갔습니다. 그야말로 언중유골이었지요. 아이는 통화할 때마다 얼마나 불편했을까요?

아이들이 이 강권과 압박을 몰랐을 리 없습니다. 그럼에도 불구하고 아이들은 미지의 세계에 대한 호기심을 채우느라 정신이 없었습니다. 새로운 문화를 다양하게 경험하려는 욕구가 끊임없이 분출되었습니다. 새로운 세상, 새로운 문화, 새로운 시스템에서 노느라 정신이 없었습니다. 한편으로는 서운하고 돈만 없애는 거 아닌가 불안했지만, 놀더라도 '영어로 말하며 놀겠지! 어휘력은 풍부해질 거야'라는 생각으로 나 자신을 위로했습니다.

실제로 아이들을 뉴질랜드의 최대 도시 오클랜드로 보냈지만, 한국 학생이 없는 학교에 등록했습니다. 한국 학생들이 많이 다니는 학교에 보내면, 뉴질랜드까지 가서 한국어만 사용하다가 돌아온다는 정보를 믿었기 때문입니다. 일단 어학연수의 목적을 달성하기 위한 일차 관문인 바로 우리 아이들을 한국 학생들과 분리하기, 그 부분에서는 성공적이었습니다.

그런데 연수 초반에 아들은 친구들에게 'Yes man'으로 불렸습니다. 무슨 말인지 모르니 무조건 'Yes'만 반복했기 때문입니다. 하루는 담임선생님께서 내일 사복을 입고 오라고 말했는데, 아들은 시원하게 "Yes!"라고 대답하고는 다음 날 버젓이 교복을 입고 학교에 갔다고 합니다. 교문을 들어선 아들은 모든 학생이 사복을 입고 등교한 것을 보고 소풍 가는 것으로 착각하고, 당황하여 집으로 돌아갔습니다. 차로 40분 가야 하는 거리를 걸어가다 길을 잃어 국제 미아가 될 뻔한 날이었습니다. 이런 우여곡절을 겪으며 1년을 보냈습니다.

그리고 돌아와서는 어학 실력이 도태될까 두려워 3년간의 전화 영어 학습을 감행했습니다. 고등학교를 졸업하기 전에 영어를 듣고,

이해하고, 말하는 목표는 어설프게 완성하게 되는 것 같았습니다.

하지만 얻는 것이 있다면 잃는 것도 있는 법이지요. 솔직히 누군가 대입에 어학연수가 유용했냐고 묻는다면 머뭇거리게 될 것 같습니다. 그곳에서 배운 영어, 그곳의 학습이 수능 시험의 영어 점수에 영향을 미치지 않았기 때문입니다. 오히려 다른 과목의 공부를 놓치고 리듬을 잃게 되었습니다. 돌아와서 부족해진 과목을 따라가기 벅찼으며, 우리나라 시험 문제 유형에 적응하느라 꽤 오랜 시간을 허비했습니다. 더구나 사춘기에 뉴질랜드의 개방된 문화에 익숙해진 아이들은 우리나라의 경직된 학교생활에 반감을 가지기도 했습니다. 정서적 충돌은 극복하기 쉬운 일이 아니었습니다.

당시 교육에 왜 이렇게 서툴렀을까 생각해 보면, 교육에 관한 부모의 무지가 원인이었습니다. 교육에 관심만 있을 뿐, 교육 철학이나 가치관이 분명하지도 않았습니다. 그렇다고 교육 방법을 공부하지도 않고 주위 선배나 동료의 정보에 의존했습니다. "~하면 성적이 오른대" "요즘 어학연수는 필수지" "수학은 ○○학원이야" "중학교 때 고등 수학을 끝내지 않으면 SKY는 접어야 해" "전교 1등하고 과외 팀을 짜야 해" 학부모 사이에서 오가는 정보에 휘둘려 중심을 잡지 못했습니다. 남들이 하면 따라 해야 그나마 안심이 되는 실정이 되어 버린 것입니다.

그로 인해 학원만 전전하게 되었고, 시험 점수에 따라 집안 분위기가 결정되는 나날이 반복되었습니다. 이런 상태에서는 결코 공부를 즐길 수 없습니다. 남들 뒤꽁무니를 따라가기 급급하니 시야도 좁아지고, 단순히 성적표의 지수만으로 아이의 미래를 비관적으로 전망하기도 합니다. 아직 잠재력이 무궁무진한 아이를 둔 부모인데도 말입니다.

PART 2

공부 기본기부터 갖추게 해 주세요

심리학자인 에일린 케네디 무어Eileen Kennedy-Moore와 마크 S. 리벤탈 Mark S. Lowenthal은 『머리 좋은 아이는 이렇게 키웁니다』라는 책에서 "잠재력은 종착점이 아니라 기르고 익혀야 할 역량이다"라고 말합니다. 삶을 살다 보면 수많은 한계 상황에 부딪힙니다. 그럴 때마다 좌절하고 회피한다면, 결코 잠재력을 기를 수 없습니다. 따라서 아이가 잠재력을 발휘하지 못한다고 걱정하기보다는, 변화무쌍한 인생에서 만나는 수많은 장애물을 극복하는 능력을 기본으로 터득하게 해 주세요. 그럴 때 아이는 자신이 가야 할 길을 발견하게 됩니다.

열등생 마인드에서
우등생 마인드로

"겨울의 한복판에서 나는 내 안에 결코 굴복하지 않는 여름이 있다는 것

을 발견했다."

• 알베르 카뮈Albert Camus, 프랑스 철학자·작가

인간의 기질이나 성향은 쉽게 변하지 않습니다. 여기서 가벼운 표현으로 '쉽게'라고 쓴 것은 완고하게 '절대'라고 말하고 싶지만 백 명 중 한 명, 더 희박하게는 천 명 중 한 명은 변화할 수 있기 때문입니다. 기질이나 성향에는 유전적 요인이 작용합니다. 심리 검사를 통해 기질의 외부 자극의 민감도나 인내력, 위험 회피, 자극 추구는

측정되는데 성인이나 청소년은 자기 보고식 방법으로 알아볼 수 있습니다. 실제로 기질 4차원과 성격 3차원(자율성, 연대감, 자기 초월)의 검사가 함께 이루어지는 TCI Temperament and Character Inventory, 기질 및 성격 검사*를 한국에서도 받을 수 있습니다.

반면 '마인드셋', 즉 마음가짐은 변화할 수 있습니다. 심리학자 캐럴 드웩Carol S. Dweck은 그의 저서 『마인드셋』에서 '고정 마인드셋'과 '성장 마인드셋'이라는 개념을 제시하며, 마인드셋이 성공과 실패를 결정한다고 설명했습니다. 고정 마인드셋을 지닌 사람은, 실패를 자신의 능력 부족으로 인식하고, 이를 피하려고 합니다. 반면, 성장 마인드셋을 지닌 사람은, 자신의 지능과 능력이 노력과 학습을 통해 발전할 수 있다고 믿고 끊임없이 도전하며, 실패조차 성장의 기회로 받아들입니다.

그렇다면 아이의 '마인드셋'은 변하기 어려울까요, 쉬울까요? 이 질문을 던지면 학부모들은 한결같이 "쉽지 않을걸요"라며 말끝을 흐립니다. 잔소리 폭탄을 투하해도 절대 공부하지 않으며 하루 종일 휴대전화만 들고 산다고 하소연을 늘어놓기도 합니다. 게임에서 헤어 나오지 못하는 사례를 장황하게 설명하며 혀를 내두르는 사람

• 로버트 클로닝거(Robert Cloninger) 등이 고안한 성격 특성 검사지로, 4가지 기질과 3가지 성격 특성에 기초한다. 4가지 기질은 자극 추구·위험 회피·사회적 민감성·인내력 등이며, 3가지 성격 특성은 자율성·연대감·자기 초월이다.

도 있습니다. 이는 누구의 잘못일까요? 제가 아는 한, 아이를 충분히 이해하지 못한 부모의 불찰입니다. 저는 아이가 선택의 기로에서 마음을 잡지 못할 때 힘이 될 만한 조언을 해 주기 위해, 주변에서 찾은 긍정적인 변화 사례 세 가지를 나침반으로 삼았습니다.

사례 ①

'수포자' 아이, 어떻게 의대에 입학했을까?

친한 선배의 아들은 일찍이 '수포자'가 되었습니다. 분수가 나오는 수학책을 보면 두려움에 눈빛부터 흔들렸다고 하니, 아이가 얼마나 많은 스트레스를 받았을지 짐작하고도 남습니다. 문제의 심각성을 인지한 선배는 동네 학원을 찾아갔습니다.

가장 먼저 방문한 곳은 상위권 아이들이 다니는 학원이었습니다. 학원 입구 게시판에 그달 치른 평가 시험 점수와 등수, 지난달과 비교해 몇 점의 등락이 있었는지까지 빨강과 파랑으로 표기되어 있었습니다. 선배는 마치 주식 차트를 보는 듯해서 한눈에 아이 관리 상태를 알 수 있겠다면서 좋아했다고 합니다. 거부하는 아이를 회유하며 겨우 등록시키려 했지만, 학원 테스트에서 떨어졌습니다. 생각보다 심각한 아이의 수준을 확인하고 답답함을 넘어 좌절을 느꼈다고 합니다. 다른 학원을 보낸다 해도 적응하지 못할 아들을 보며 선배는 당혹스러웠고 불안해졌습니다.

"결국은 내가 직접 가르칠 수밖에 없었어."

선배는 당시를 떠올리며 비장하게 말했습니다. 딱 6개월만 가르치기로 했다는데 이 말을 듣는 순간 가장 어려운 길을 택했다고 생각했습니다. 부모가 자식을 가르친다는 건 서로에게 몹쓸 짓이라고 알고 있었기 때문입니다. 알려 주었는데도 이해 못하는 아이와 짜증을 내며 가르치는 부모, 공부하는 시간 내내 얼마나 언쟁을 벌일까요? 걱정이 앞섰습니다.

선배와 아이는 매일 저녁 7시부터 12시까지 공부했습니다. 그런데 둘의 합이 잘 맞았던 것일까요? 선배는 평가 점수에 민감한 아이를 위해 채점은 하지 않았고 틀린 문제만 골라 다시 설명하고 이해시켰습니다. 그러니 빨간펜은 없어도 되었지요. 공부하다 예민해지면 잠깐 쉬었고 지치면 간식 타임도 가지며 서로를 이해하려고 노력도 기울였습니다.

그래서 6개월 뒤 아이는 어떻게 되었을까요? 놀랍게도 서울의 지역 수학 경시대회에서 금상을 받았습니다. 물론 아이가 초등학생이었기에 가능했을 거라 생각하겠지만, 아이가 어리면 부모가 가르치기 더 어렵습니다. 투정과 저항에 한계가 없으니까요. 이를 설득하고 아이 눈높이에서 설명하기란 더 어려운 일입니다. 일례로 대학교에서 수학을 전공했음에도 중학생 아들의 수학을 직접 가르치다가 어려워 포기했다는 동료 직원도 있습니다.

결국 수포자였던 선배의 아들은 십여 년 전 경희대 의대에 입학했습니다. 수학을 제법 잘한다는 칭찬을 들으며 자란 아이들도 얻기 힘든 결과를 이뤄낸 것이지요. 당시 선배 아들이 점수 등락을 낱낱이 밝혀 주던 그 학원에 다녔어도 결과가 같았을까요? 아닐 것입니다. 저는 선배의 '결심'이 아이의 길을 열어 주었다고 봅니다. 학원에서 보여지는 비교와 경쟁에서 벗어난 아이는 자기 기질을 알고 공부시키는 아빠를 통해 자신도 할 수 있다는 자신감을 얻었을 것입니다. 또한 공부에 흥미를 느끼기 어려운 부분은 가장 친근한 '아빠'에게 묻지 않았을까요? 아빠가 모든 과목을 설명할 수 있는 선생은 아니지만, 자녀의 질문에 모른 척 외면할 부모는 없습니다. 책을 찾아보고 열심히 공부해 알려 주려고 노력했음이 불 보듯 보입니다.

아무리 유명한 학원, 유능한 과외 교사라도 부모의 관심이 보태지지 않으면 유명무실해집니다. 선배는 아들이 중·고등학생이 되었을 때 과외비를 2주 단위로 계산해 줬다고 합니다. 그리고 일류 대학에 다녀도 가르치는 능력이 부족하거나, 아이와 소통 의지가 부족하면 2주간 지켜보고 즉시 선생을 교체하기도 했습니다. 아이의 공부에는 시기가 있고, 그 시기를 놓치면 다시 할 수 없다고 판단했기 때문입니다.

선배는 지금도 아이 교육에 있어 가장 잘한 선택이 '6개월간의 수학 교육'이라고 합니다. 퇴근하고도 쉴 수 없는 고난의 시간이었지만, 아이의 미래를 바꾸었다는 생각에 뿌듯하다는 것입니다. 다시 돌아가도 똑같은 선택을 하겠다는 것을 보면 선배의 교육 철학은 확고해 보입니다.

목표를 향해 달려가는 사람은 과정에서 지치고 힘들지만, 결과의 만족도가 큽니다. 특히 자녀 교육에 있어서 부모의 역할은 지대합니다. 공부를 어려워하는 아이에게 먼저 손을 내밀고 다가가야 합니다. 어느 학원도 어느 선생도 부모만큼 아이를 걱정하고 응원해주지 않습니다.

사례 ②
인서울 실패한 재수생이 명문대에 진학했다고?

●

공부에 임하는 '마인드'는 아이 스스로 정립하는 게 가장 효과적입니다. 자신이 기존의 공부 방식을 바꾸겠다는 각오나 목표를 정하고 꼭 이루겠다고 결심하면 열정이 발현됩니다. 계획을 짜고 시간을 분배하는 일부터 방해 요소를 피하거나 제거하는 부분까지 본인이 결정할 때 실패할 확률이 줄어듭니다. 자신과의 약속이기에 공부에 임하는 자세부터 달라지는 것입니다.

학기 시작 전이나 시험을 앞두고 계획표를 만드는 것은 자연스럽게 공부 마인드를 장착하는 계기가 됩니다. 만약 하루이틀 계획대로 하다가 실패하더라도 괜찮습니다. 뭐든지 단번에 원하는 만큼 성취하기는 어렵습니다. 실패를 거듭하면서 자신만의 방법을 찾게 되는 것이지요. 처음에는 열정이 넘쳐 쉬는 시간을 짧게 잡았다면, 다음 계획에서는 조금 길게 잡는 방법으로 선회해야 합니다. 잠을 줄여 공부 시간을 늘렸는데 집중력이 떨어져 오히려 역효과가 날 수도 있습니다. 자신의 바이오리듬이나 생체 리듬을 고려해 수면 시간을 충분히 확보하는 것도 방법입니다. 다른 사람의 계획을 따라가기보다는 자신만의 공부 리듬을 찾아내는 게 중요한 것이지요.

계획 세우기나 계획대로 이행하는 과정에서 부모가 함께하면 좋습니다. 아이가 무엇을 목표로 공부하는지 알게 되고 무엇에 집중하려고 하는지, 어느 지점에서 고민하고 있는지 알 수 있습니다. 이를 알면 아이의 약점을 보완해 줄 수 있고 힘들어할 때 적절하게 도와줄 수도 있습니다. 부모가 자신의 계획을 알고 있다는 생각에 아이는 스스로 도움을 청하기도 합니다. 몇 시에 깨워달라고 요청할 수 있고, 오늘 지키지 못한 계획이 있다면 내일은 가능하도록 협조를 구하기도 할 것입니다.

실제로 제가 아는 후배 중 한 명은 오래전 재수를 결심한 뒤 마음이 흔들리지 않도록 머리를 박박 깎았다고 합니다. 앞으로는 다른 방식으로 살아야겠다는 다짐의 표현이었습니다. 수능이 끝나자마자 재수를 선택했기에, 보통의 각오로는 1년의 시간 동안 초심을 끝까지 지키기 어렵다는 걸 알았던 것입니다. 더 강한 의지가 필요했고 그 시간을 버틸 원동력, 에너지, 힘을 스스로 길러야 했습니다.

마인드 재정립의 첫 단추가 머리를 미는 것이었다면, 두 번째는 공부에 방해되는 주위를 정리하는 것이었습니다. 특히 인간관계를 정리하는 것은 매우 어렵습니다. 수시로 울려대는 휴대전화 알람, 거절하기 곤란한 약속으로 시간을 빼앗길 수 있습니다. 친한 친구라는 이유, 한두 시간쯤이야 괜찮겠지 하는 마음으로 정리를 미루지만 약속에 나가기 전, 만남 이후 집중력은 금방 흐트러집니다. 하지만 그 후배는 단호하게 인간관계마저 정리했고, 그 결과 명문대에 입학할 수 있었습니다.

앤절라 더크워스는 그의 저서 『그릿Grit』에서 실패와 역경, 슬럼프를 극복하고 뛰어난 성취를 이룬 사람들에게서 공통적으로 발견되는 '성공의 결정적 요인'은 '그릿'이라고 말합니다. 여기서 그릿은 성장Growth, 회복력Resilience, 내재적 동기Intrinsic Motivation, 끈기Tenacity의 줄임말로, 장기적 목표를 향한 열정과 끈기로 해석할 수 있습니다.

하지만 목표에 집중하기 위해 무언가를 포기하는 것은 쉽지 않은 일입니다. 기타를 취미로 배운 아들은 입시가 코앞으로 다가오자 밴드 동아리를 그만둬야 하는 것에 심한 저항을 했습니다. 두 가지를 병행할 수 있다고 생각했던 것 같습니다. 어떤 잔소리에도 꿈쩍하지 않고 기타를 메고 다녔으니까요. 이런 아이들은 공부에 욕심은 있지만 자신은 없기에 도피처를 찾는 것입니다. 그 밑바탕에는 열심히 공부만 했는데 기대한 성적이 안 나오면 어떡하지 하는 불안이 도사리고 있지요.

이처럼 아이들이 흔들릴 때, 부모는 그 심리를 깊이 들여다봐야 합니다. 정말 공부가 싫은 것인지, 어떻게 공부해야 할지 모르는 것인지, 공부에 자신감이 없는 것인지, 공부 외 다른 분야에 관심이 있는 것인지 분명히 인지해야 함께 고민할 수 있으니까요.

결심의 사전적 정의는 '할 일에 대하여 어떻게 하기로 마음을 굳게 정함'입니다. 마음에서 이루어진 결심이 자신을 완성합니다. 자신의 문제를 인지하고 마음가짐을 새롭게 하기로 결심해야만 이전과 다른 방향으로 나아갈 수 있습니다. 아이 스스로 마인드셋의 변화를 끌어내면 더 바랄 것이 없겠지만, 만약 부모의 도움이 필요하다면 망설이지 말고 적극적으로 나서야 합니다. 아이가 스스로 인지하지 못하는 습관이나 성격을 관찰자 시점에서 제시하고 자신의 문제를 분명히 인식하게 할 때 변화의 가능성이 태동하기 때문입니다. 아이 교육에 있어 부모도 함께 공부 마인드를 장착하고 아이와 함께 공부하겠다는 열의를 갖춰야 합니다. 그러면 아이와 어깨를 나란히 한 채 함께 걸어 나갈 수 있습니다.

사례 ③
공부하기 싫어하는 아이가 백팔십도 달라진 순간

공부를 시작하려면 왜 공부하려고 하는지 강력한 '동기'가 필요합니다. 물론 초등학교나 중학교 시절이라면 부모의 종용에 억지로 공부하기도 합니다. 하지만 중학교 2학년을 넘어가면 자녀 중 누구도 부모의 의지대로 공부시킬 수 없습니다. 학원에 보내고 유능한 선생을 붙여 주어도, 아이가 공부해야 하는 이유를 스스로 찾지 못하면 학교와 학원에 가서 멍하니 앉아만 있다가 옵니다. 실제로 부모의 잔소리가 듣기 싫어 학원에 다니는 아이도 있지요. 이런 문제는 왜 일어날까요.

가장 큰 이유는 공부의 동기를 스스로 찾지 못했기 때문입니다. 여기서 자신에게 질문해 보세요.

"학창 시절 나는 왜 공부를 했을까?"

"공부하면서 어떤 만족을 느꼈을까?"

"공부가 내 인생을 바꾸어 놓았나?"

이 질문에 명확히 대답하기 어려울 것입니다. 성인도 그럴진대 아이들은 어떻겠습니까.

"공부를 왜 하는지 모르겠어요."

동기 없이 공부하는 아이들의 대답은 하나같이 간단명료합니다. 학년이나 성적 차이에 따른 결과가 아니라 대다수 아이가 맹목적으로 공부하기 때문입니다.

"엄마가 하라고 했어요."

"공부 안 하면 혼나요."

대부분 이렇게 핑계를 대기도 하지만 "나중에 훌륭한 사람 되려고요" "공부 못하면 사람 취급 못 받아요" 같은 대답을 내놓기도 합니다. 종합해 보면 아이들은 공부를 왜 하는지 모르고, 공부해서 무엇이 좋은지 알지 못한 채 경쟁하고 암기하고 문제를 풉니다. 그러다 보니, 대학을 간다 해도 전공을 살려 일하는 사람이 드물지요. 대학도 성적에 맞춰 가는 실정이니 어쩔 수 없습니다.

만약 아이에게 공부의 '동기'가 생기면 어떻게 될까요? 쉽게 예를 들면, 운동을 하기로 결심한 이유를 떠올려 보세요. 건강해지려고,

살 빼려고, 멋지게 보이려고 등 개인마다 다르지만 분명한 이유가 있을 것입니다. 그런데 한 평생의 삶을 결정하는 '공부'를 아무런 동기 없이 한다는 게 말이 되나요? 아이가 공부하긴 하는데 동기가 없는 것 같다면 수시로 물어봐야 합니다.

"너는 왜 공부해?"

이 질문이 아이 인생을 바꿀 수 있습니다. 주의할 점이 있다면 부모가 답을 제시하면 안 된다는 것입니다. 처음 물었는데 답을 못한다면 "생각해 봐"라고 한 걸음 물러나야 합니다. 기회를 여러 번 주고, 아이 스스로 그 답을 찾도록 기다려 줘야 합니다. 고등학생이라면 하루 24시간 중 12시간 이상 공부에 매달립니다. 생활이 온통 공부와 연관되어 있는데 왜 하는지 모른다는 것은 말이 안 되지요. 만약 "그냥 해요" "좋은 대학에 가려고요" "돈을 많이 벌려고요" 같은 추상적인 대답을 내놓는다면, 좀 더 구체적인 답을 찾아볼 시간을 줘야 합니다.

『1등은 당신처럼 공부하지 않았다』의 저자인 김도윤 동기부여 전문가는 "막연히 '고등학생이니까' '남들이 하니까' 공부하는 학생은 한여름 무더위와 가을바람에 뒹구는 낙엽처럼 쉽게 휩쓸릴 수 있다"라고 말합니다.

<u>공부를 왜 해야 하는지 스스로 이유를 찾아낸 아이는 공부에 집중하고 매진할 힘을 주는 '동기'를 찾은 것입니다.</u> 이 동기는 어떤 일

을 추진할 때 원동력으로 작용합니다. 그리고 어떤 일이든 동기가 있어야 어려움을 이겨내고 끝까지 완주할 수 있습니다.

중학교 교사인 아버지를 둔 후배가 있었습니다. 그는 중학교 시절 전혀 공부에 관심이 없었습니다. 아버지의 설득은 통하지 않았고, 엄마의 잔소리는 반항심만 불러일으켰습니다. 날마다 친구들과 어울려 놀고, 집에 오면 방에 틀어박혀 뒹굴다가 잠을 잤습니다. 교사인 아버지는 학교에서 만나는 학생들의 다양한 모습을 보며 아들을 이해해 보려 했으나, 시간이 갈수록 공부에 태만하고 생활은 무질서해지는 아들을 두고 볼 수 없었던 모양입니다.

아버지가 어느 날, 축 늘어져 있는 아들에게 텃밭에 함께 가자고 제안했습니다. 후배는 그때를 회상하며 "정말 죽을 것같이 힘들었다"라고 말했습니다. 그 뒤로 텃밭에 안 가겠다고 반항했지만, 엄하신 아버지의 뜻을 거역할 수 없었다고 합니다.

그러던 하루는 아버지가 이렇게 물었습니다.

"그럼 밭에 갈래, 공부할래?"

후배는 당연히 '공부'를 택했습니다. "공부하기 싫은 학생은 여름에 시원한 방에서 공부해야 할 책의 남은 페이지를 헤아리지만, 일하기 싫은 사람은 땡볕에서 남은 밭고랑을 헤아리게 된다"라는 말이 있듯이, 밭고랑을 헤아려 본 후배는 책장을 헤아리는 게 더 쉽다는 걸 알게 되었겠지요. 비록 아버지의 강압적인 극약처방이었지만, 삶의 목표와 방향이 정해지니 공부할 이유가 생겼습니다. 40여 년이 지난 이야기를 꺼내는 것은, 이를 공부에 적용할 수 있다는 생각에서입니다.

이 일화 속 아버지는 '동기'의 중요성을 알고 있었습니다. 아이에게 이러한 덫을 놓아 꼼짝없이 마음을 잡게 할 수 있다면, 특별한 어려움 없이 공부를 열심히 할 것임을 예상했던 것입니다. 적절한 때에 맞춰서 치밀하게 준비해야 흔들리는 아이를 단번에 바로 잡을 수 있습니다.

심리학자인 미국 펜실베이니아대학교 와튼스쿨의 애덤 그랜트 Adam Grant 교수는 그의 저서 『히든 포텐셜Hidden Potential』에서 "타고난 능력의 차이로 보이는 것들이 사실은 기회와 동기 유발의 차이인 경우가 흔하다"라고 말했습니다.

부모의 역할은 아이가 공부해야 하는 상황을 만들어 주는 것입니다. 그 방법은 공부의 '동기'를 찾도록 유도하는 것입니다.

경험과 질문으로
공부 의욕 심어 주기

"때로는 네가 어떻게 해낼지 모르더라도, 네가 해낼 수 있다는 것을 믿
어야 하는 순간이 있어."

• 영화 〈가디언즈 오브 갤럭시〉 중에서

지금은 AI 시대입니다. 그에 발맞춰 사회의 전반적인 시스템이 급격히 발전하고 있습니다. 인간 일자리를 로봇이나 자동화된 시스템이 대체할 것이라는 전망도 있습니다.

예전에 월트 디즈니 애니메이션 〈빅 히어로〉를 봤을 때 적잖은 충격을 받았습니다. 개인 건강 관리 로봇 '베이맥스'가 눈과 손의 센 서로 환자의 상태를 정확히 파악했기 때문입니다. 2014년 영화가 개봉되었으니 어느덧 10년이 훌쩍 넘었네요. 그렇다면 지금의 의료 현실은 어떤가요? 원격진료가 가능하고 로봇 수술이 상용화되었습니다. 머릿속으로 상상했던 미래가 어느덧 현실이 되었습니다.

아이가 공부 의욕을 갖게 한 비법 ①
통제만이 정답은 아니다

우리 아이들도 이런 미래를 준비하며 공부해야 합니다. 이를 위해 여기서 몇 가지를 제안하려고 합니다. 그 첫 번째는 '경험'입니다. 경험은 축적되어 지혜가 되고, 이 과정에서 스스로에게 던지는 크고 작은 질문은 자기 사고의 영역에 양분을 공급할 수 있기 때문입니다. 빠른 이해를 위해 모두 다 아는 '헬렌 켈러' 일화를 이야기하지 않을 수 없습니다. 그녀는 시각, 청각, 언어 장애를 안고 있었습니다. 앤 설리번 선생님은 그녀에게 '물'이란 단어를 알려 주기 위해 손으로 직접 물을 만지게 했고, 손바닥에 '워터water'라고 써 주었습니다. 그 덕에 헬렌 켈러는 보이지 않아도 물의 물리적 형태와 성질을 알 수 있었으며, 촉감까지 경험할 수 있었지요.

영화 〈헬렌 켈러〉에는 그녀가 손으로 밥을 먹자 설리번 선생이 숟가락(도구)을 사용해 밥 먹는 것을 가르치기 위해 몸싸움을 벌이는 장면이 10분간 지속되기도 합니다. 이론적 가르침보다 체화하여 온전히 습득할 수 있도록 가르친 것입니다. 이를 통해 헬렌 켈러는 보이지 않는 사물을 명확하게 인식할 수 있는 충분한 지적 능력을 갖추게 되었습니다. 이 능력은 훗날 장애를 딛고 장애인 인권 운동과 노동 운동을 하는 사회운동가로 활약하는 원동력으로 작용했습니다.

공부하는 아이에게 모든 것을 체험하라는 것은 무리수입니다. 하지만 좋아하는 것이 있다면 마음을 빼앗기고 집중력이 흐트러지기 전에 경험하게 해야 합니다.

아들을 보면 저의 어린 시절과 매우 닮았습니다. 일단 게으르고 공부를 즐기지 않았습니다. 게다가 고집도 보통이 아닙니다. 비슷한 성격이 부딪히면 싸우기 마련입니다. 어릴 때는 부모가 강압적으로 언성을 높이면 아이들은 순순히 말을 듣습니다. 하지만 아이가 청소년기가 되면 부모도 인자하고 다정한 모습과 점점 멀어지고, 자녀도 '말 잘 듣는 모범생'은 꿈도 꿀 수 없게 됩니다. 그러면 어떻게 아이들을 경험하게 해야 할까요? 또한 어떤 경험이 좋을까요?

먼저, 아이가 호기심을 보이는 것을 막지 말아야 합니다. 아들은 학교에서 밴드 활동을 했습니다. 처음 기타를 치겠다고 했을 때 단순한 호기심이겠거니 했지요. 그런데 학교까지 자퇴하고 '세션 맨'이 되겠다고 선언했습니다. 세션 맨이 뭐냐고 물었더니, TV 음악 프로그램을 보면서 "저기 가수 뒤에서 연주하는 사람이야!"라고 알려 주더군요. 그 순간 아빠인 제 눈앞에 아들의 미래 모습이 그려졌습니다. '이제 대학은 포기해야 하나?' 한동안 머릿속이 복잡하고 가슴이 답답했습니다.

자신의 미래를 스스로 고민하려 하기는커녕 밴드를 그만둘 생각이 전혀 없으니, 부모인 제가 마음을 고쳐먹을 수밖에 없었습니다. '그래 모든 경험은 약이 될 거다.' 대범하게 마음먹으니 조금 편안해지더군요. 부모의 의중과 다른 길로 접어든 아이에게는 단호한 대처도 필요하지만, 상황에 따라 조금씩 변화를 주는 것이 좋습니다. 단번에 끝내려고 자녀와 실랑이하다가 아이가 돌이킬 수 없는 상처를 입고 회복 불가능한 상태가 되기도 하기 때문입니다. 그렇게 가만히 지켜본 결과, 6개월 후 아들은 스스로 밴드부를 그만두었습니다.

좀 더 일찍 그만두지 못한 이유는 아들을 대신할 기타리스트가 없었고, 한 명이 빠지면 동아리를 해체해야 하는 문제로 밴드 동아리 친구들의 만류가 심했기 때문입니다. '밴드'라는 조직에 속한 아이는 책임과 역할의 문제를 경험하며 친구들과 많은 대화를 나누었습니다. 싸움으로 번질 줄 알고 조마조마했는데 아이를 믿고 맡기니 갈등에 현명하게 대처하는 능력까지 길러 냈습니다. 그리고 스스로 홍대에서의 연주와 학교 축제를 끝으로 밴드 활동을 마무리하겠다고 약속했고, 이를 지켰습니다.

결과적으로 아이의 밴드 활동은, 자신이 하고 싶어 하는 일에 대한 욕구 불만이 상쇄되었다는 점에서 공부에 집중할 수 있는 긍정적 요인으로 작용했습니다. 호기심을 가진 일을 원 없이 해 봤기 때문에 미련 없이 그만둘 수 있었습니다. 짧은 기간이었지만 단체 생활에서 인간관계와 상호작용의 중요성도 배웠습니다.

아이가 공부 외 활동을 시작할 때 부모는 불안해지기 마련입니다. 그러나 불안한 심리를 날것 그대로 드러내면 아이는 혼란과 반항이라는 더 깊은 늪에 빠지고 맙니다. 이때는 '경험이 아이를 성장시킨다'라고 마인드컨트롤 한 뒤 차근차근 이야기를 시작해야 합니다. 그리고 최대한 아이의 관점에서 생각하고 대화해 나가세요. 그럼에도 불구하고 아이를 설득해야 할 때는 아이가 머리가 아닌 가슴으로 이해할 수 있게 해야 합니다.

눈높이를 아이에게 맞추고, 먼 미래보다는 가까운 곳을 보며 대화해야 합니다. 쟁반에 '물컵을 받쳐 들고 걷는 아이'를 생각해 보면 알 수 있습니다. 아이의 눈은 물컵에 있고, 물이 쏟아질지 안 쏟아질지에만 신경을 쓰지요. 잘하고 싶은 욕심이 있는데 해 보지 않은 일이라 불안감이 커진 결과입니다. 이를 부모가 이해할 필요가 있습니다.

하지만 만약 아이가 문제의 여지가 있는 곳에 집중한다면 강력한 제제가 필요합니다. 특히 게임에 과도하게 몰입해 일상생활이 어렵거나, 휴대전화를 무절제하게 사용할 경우는 중독으로 이어질 수도 있으므로 각별한 주의와 관심이 필요합니다. 이때 무조건 차단하기보다는, 대화와 타협을 통해 해결책을 모색해야 합니다. 일례로, 게임을 한 뒤 어떤 점이 좋고 어떤 점이 손해인지 자연스럽게 묻고 생각해 보는 시간을 가져 보세요. 부모 머릿속에 있는 '통제만이 정답'이라는 생각을 잠시 접어 두면 대화의 길이 열립니다. 자기 스스로 체험하고 문제 상황을 홀로 극복해낸 아이는 분명 변화합니다. 경험에서 배우고 깨달은 점이 있기 때문이지요. 이는 자신감으로 승화되고, 자신의 미래를 개척해 나가는 힘이 됩니다.

아이가 공부 의욕을 갖게 한 비법 ②
자녀가 공부하기를 원한다면 부모도 공부해야 한다

●

'맹모단기지교孟母斷機之敎'라는 말이 있습니다. '맹모삼천지교孟母三遷之敎'에 밀려 모르는 사람이 많지만, 그 뜻을 이해하면 맹모의 강인한 교육 철학에 놀랄 것입니다.

어느 날 맹자가 암자에서 공부하다 어머니가 보고 싶어서 집에

　　　　　　　　　　　　　　　　　　　　　　　

갔습니다. 맹자의 어머니가 아들에게 "기별도 없이 어찌 왔느냐?"
라고 묻자, 맹자는 "어머니가 보고 싶어서 왔어요!"라고 대답했습니
다. 이에 맹자의 어머니는 "그래, 학문은 얼마나 갈고닦았느냐?"라
고 물었습니다. 맹자는 "아직 다 마치지 못했습니다"라고 답했지요.
이 말을 들은 맹모는 그 자리에서 짜고 있던 베틀에 걸린 직물을 칼
로 잘라 버렸습니다.

"공부하다가 중단하면 갈라진 옷감처럼 아무 쓸모가 없다."

맹자는 정신이 번쩍 들었습니다. 홀어머니가 여러 날 고생하면서
짠 옷감을 칼로 잘랐으니 쓸 수도 팔 수도 없는 무용지물이 되고 말
았으니까요. 이때 맹자가 어떤 생각을 했을까요? 어머니가 전하려
는 메시지, 즉 공부를 중단하면 절대 안 된다는 교훈을 깨달았을 것
입니다. 어머니가 짜던 베는 공부를 의미했고, 칼로 그어 못 쓰게 된
베는 공부의 효용성을 상징하는 것이었으니 말입니다. 이는 맹자
시대이기에 가능한 일이었을지 모릅니다.

시대가 달라졌습니다. 아이의 인권이나 교육에 임하는 사회적 분
위기도 달라졌습니다. 그렇기에 가정 내에서 폭력적이거나 강압적
으로 교육하면, 아이는 거부감을 드러내며 반항이 거세집니다. 가
까운 지인의 예를 들어 보겠습니다.

지인의 중학생 아들은 강남에서 상위권을 유지했습니다. 그런

데 갑자기 아이가 공부를 안 하겠다고 선언했습니다. 평소 순하고 말 잘 듣는 아이였기에, 부모는 정말이지 날벼락을 맞은 듯했습니다. 부모가 어르고 달래 봐도, 아이는 책을 펼치지 않았고 빈둥대기만 했습니다. 마냥 손 놓고 볼 수 없었던 부모는 교육 상담을 받으며 아이의 현재 상태와 수준을 고려한 종합적인 대책을 간구했습니다. 그리고 적극적으로 밀어붙였습니다. 곧 고등학교에 들어가기에 자칫 입시의 낙오자가 될까 염려했던 까닭입니다.

그 결과는 어땠을까요? 안타깝게도 아이는 부모와 충돌하여 가출한 뒤 집에 들어오지 않았습니다. 급기야 극단적 선택을 시도하기에 이르렀습니다. 그제야 부모는 뼈저리게 후회했습니다. 아이를 이해하지 못하고 교육 전문가의 말을 믿은 게 잘못이었습니다. 최선을 다했지만 최악의 수를 둔 꼴입니다. 그러기에 요즘은 부모 노릇도 힘들다는 말이 저절로 나옵니다.

발달심리학자인 데이비드 예거David Yeager는 동기부여, 학교 폭력, 식습관, 스트레스, 정신 건강 등 청소년 행동에 영향을 미치는 요인들에 관한 다양한 연구를 수행해 왔습니다. 그리고 그의 저서 『어른의 영향력』에서 청소년을 대하는 어른의 유형을 세 가지로 나눕니다. 바로 '강요자' '보호자' '멘토'입니다. '강요자 마인드셋'은 미성숙하고 반항적인 청소년은 사회에 심각한 피해를 준다고 여기고 그들에게 책임을 부여해 규율을 지키라고 강요합니다. '보호자 마인드셋'은 청소년에게 지나친 기대를 걸기보다는 뭐든지 다 해 줘야 한다고 여깁니다. 마지막으로 '멘토 마인드셋'은 청소년을 진지하게 대하고, 그들의 욕구를 채워 주기 위해 자원을 적극적으로 지원합니다.

<u>자녀가 공부하기를 원한다면 부모가 멘토 마인드셋을 가지고 접근해야 합니다.</u> 담임 선생님이나 학원, 교육 전문가만 맹신하지 말고, 부모도 강좌나 책을 찾아보고 공부법을 연구해야 합니다. 처음에는 이론이나 개념이 없어 어느 공부법이 좋은지, 교육, 훈육, 지도법이 얼마나 다양한지 모르기 때문에 한 가지 방법만 아이에게 적용할 수 있습니다. 그런데 이 방법이 아이와 부모에게 잘 맞으면 다행이지만, 그렇지 않으면 오히려 역효과를 낼 수 있습니다.

교육에 관심을 갖기 시작한 뒤, 저는 공부하기 싫어하는 아이를 어떻게 공부시켜야 할지 몰라 '교육학, 공부법, 암기' 이런 단어가 포함된 책들을 무작정 읽었습니다. 책을 읽다 보면 책 속에 또 다른 책이 소개되는 경우가 많아, 꼬리에 꼬리를 무는 호기심을 충족시키느라 책에 푹 빠져 살았습니다. 학창 시절 세계 명작 전집에 있는 책 몇 권 외에는 거의 읽지 않았기 때문에 모든 책의 내용이 새롭고 신선한 자극이었습니다.

책은 전자책을 주로 읽었습니다. 서울 강남 지역 공공도서관에 소장하고 있는 전자책이 4만 권 정도 있어, 읽고 싶은 책은 대부분 무료로 읽었습니다. 지금은 전자책에 익숙해져 종이로 된 책을 읽을 수가 없을 정도입니다. 전자책은 휴대전화로도 읽을 수 있어 대여와 휴대가 편리하고, 대중교통 이용 시간이나 짬이 날 때마다 언제든 읽을 수 있어 직장에 다니면서 읽기가 좋았습니다. 아이들 교육에 도움을 받고자 책을 읽기 시작했지만, 이제는 제어장치가 고장 나서 멈출 수 없는 기관차에 탑승한 것처럼 틈만 나면 책을 찾아 읽곤 합니다. 이렇게 10년 넘게 읽고 나니 아이들이 고민할 때, 조언이 될 만한 내용을 한마디씩 전해 줄 수 있게 되었습니다.

책을 읽으면서 딸을 원하는 대학원에 보내기 위해 어떻게 해야 할지와, 자퇴를 선언한 아들이 공부의 끈을 놓지 않게 할 방법을 생각했습니다. 딸과 아들은 성격도 다르고 공부하는 스타일도 달랐습니다. 아이들이 초등학생 때 1시간 공부하라고 말하면, 딸은 1시간 동안 착실히 공부하고 놀지만, 아들은 1시간 동안 혼자 방에서 놀고 1시간 지나면 거실에 나와서 놀았습니다. 또한 1시간 분량을 주고 공부하고 놀라고 말하면, 아들은 30분 만에 다 했다고 하지만 딸은 1시간 동안 꼬박 공부만 했습니다. 물론 아들이 30분간 공부한 것은 아무것도 없고, 수학 문제를 풀라고 하면 반은 틀리고 반은 맞고 한마디로 대충 흉내만 내는 공부를 했습니다.

같은 부모에서 태어나 자란 두 아이도 공부법이 이렇게 다른 데, 책에 나오는 정해진 공부법을 습득해서 아이들에게 적용한다고 그대로 되기는 어렵습니다. 열 명의 아이가 있다면 열 가지 공부법이 있는 셈입니다. 따라서 자녀의 특성과 상황에 따라 효과적인 교육법을 찾아 적용하는 게 공부를 효율적으로 시키는 비법입니다.

아이가 공부 의욕을 갖게 한 비법 ③
부모부터 강한 결심과 실천력 보여 주기

●

'와신상담'은 인류 역사가 시작된 이래 결심과 관련된 최고의 고사성어일 것입니다. 臥누울 와·薪섶 신·嘗맛볼 상·膽쓸개 담으로, '땔나무 위에서 자고 쓴 쓸개를 핥는다'는 뜻입니다. 이는 춘추전국시대 오나라와 월나라가 서로 대립했을 때 나온 말입니다.

월왕 구천九泉이 오나라를 공격하여 오왕 합려闔閭와 세자를 죽였습니다. 왕위를 계승한 오왕의 둘째 아들 부차夫差는 밤에 장작더미에 누워, 월왕 구천에 대한 복수심을 키웠습니다. "이놈, 부차야! 월왕 구천이 아비를 죽인 것을 잊었느냐?"라고 자신을 채찍질하며 외치기도 했습니다. 결국 부차는 각고의 노력 끝에 월나라 군사를 무찌르고 구천을 생포하여 아버지 합려의 묘지기 일을 시켰습니다.

포로로 잡힌 구천은 부차의 변을 맛보고 건강을 점검하는 일도 마다하지 않고 노력하여, 부차의 신임을 얻어 월나라로 돌아갔습니다. 월나라로 돌아간 구천은 진귀한 조공품과 경국지색 서시西施를 보내 부차를 안심시키는 한편, 매일 곰쓸개를 핥으며 "너는 치욕을 잊으면 안 된다!"라고 스스로 외치며 복수를 다짐했습니다. 결국 구천은 20년간 노력한 끝에 방심한 오나라를 멸하고 부차를 자결하게 만듭니다.

결심과 다짐이 얼마나 혹독하고 치열해야 하는지 보여 주는 일화입니다. 하루도 흔들려서는 안 되고 한시도 잊어서는 안 되는 일이니까요. 그만큼 결심하고 성과를 내는 사람은 드물지요. 중간에 스스로 포기하거나 미루면서 결심 자체가 유야무야되는 일이 비일비재합니다. 그렇지만 분명한 것은 자신의 결심대로 이루어내는 사람이 성공한다는 것입니다. 인내심과 끈기, 정신력과 의지가 남다른 결과를 낳습니다.

그렇다면 아이들이 공부에 대한 의지를 가지고 실행에 옮기도록 어떻게 도울 수 있을까요? 결심이 습관이 되도록 어떻게 유도할까요? 이미 작심삼일을 숱하게 경험한 아이와 부모는 공부에 대한 '결심' 자체를 믿지 않는 경향까지 있습니다. 그러니 더욱 결심을 지속하고 성취를 얻기란 매우 어려운 일이 되어 버립니다.

어느 날, 고등학교 2학년이던 아들이 자퇴하겠다고 선언했습니다. 이 또한 아들의 결심이었지만 대화를 나눠 보니 "공부하기 싫다, 기타 연주에 집중하고 싶다, 연주할 때 삶의 즐거움을 느낄 수 있다" 등의 이유를 댔습니다. 아이 나름대로 고민했겠지만, 부모의 관점에서 보면 미래를 생각하지 않은 즉흥적이고 섣부른 판단이었습니다.

당시 아이 교육에 별다르게 관여를 안 하고 있던 저는 크나큰 충격에 휩싸였습니다. 저는 자책하지 않을 수 없었습니다. 그동안 자녀를 '사랑'했지만 교육에는 무심했고, '관심'은 두었지만 강 건너 불구경하듯 '관여'하지 않았던 아빠였으니까요. 모든 일이 마음 먹은 대로 된다면 얼마나 좋을까요. 하지만 이는 어불성설입니다. 아들의 자퇴 선언이 있던 날, 저는 결심했습니다. 아이들이 반듯하게 독립할 때까지 내 사생활을 포기하고 아이들에게 전념하겠다고.

아이들 교육은 전적으로 부모 책임입니다. 저는 최선을 다해 아이와 소통하고 아이가 포기한 '공부'의 매력을 발견하도록 돕기로 하고, 아내에게도 협조를 구했습니다. 아내는 "건강하게 자라기만 하면 되는 거지, 학력이 무슨 소용이냐"라고 했지만, 제 생각은 달랐습니다. 아들이 적어도 고등학교는 졸업하길 바랐습니다. 학교를 졸업하는 것이 규제와 제도를 배우고 자기 책임을 완수하는 하나의 과정이라 여겼으니까요. 일어나기 싫어 등교를 거부하는 아이와, 일어나기 싫지만 등교해서 학생으로서의 본분을 다하는 아이는 분명 성인이 되어서도 맡겨진 책임을 감당하는 자세가 다릅니다. 이는 지극히 개인적인 경험에서 나온 신념이었지만, 이제 아들에게도 적용해야 할 문제로 다가왔습니다.

먼저 저의 결심을 아이에게 선언했습니다.

"아빠와 함께 석 달만 공부해 보자. 그때도 자퇴하고 싶다면 해도 된다."

기타 연주도 전문가의 테스트를 받아 보고, 가능성을 인정받으면 계속하기로 했습니다. 아이의 눈치를 보니 연주에 자신이 있었는지 모르겠지만, 석 달만 공부해 보자는 제안에는 비교적 쉽게 동의하는 듯했습니다.

아빠인 저로서도 쉽지 않은 결정이었습니다. 가장 큰 장애물은 회사와 사회생활이었습니다. 지방 출장이 잦은 회사 일은 상사에게 부탁해서 내근직을 유지했습니다. 친구들과 만남은 사정을 봐 가며 대폭 줄였습니다. 대책도 없이 질러 버린 일을 책임지기 위해, 급히 교육 관련 서적을 샅샅이 뒤졌습니다. 그렇게 교육서를 잡고 씨름하여 몇 가지 팁은 얻었지만, '이것이다' 싶은 조언은 찾을 수 없었습니다. 그때 제게 필요했던 책은, 공부 못하고 안 하는 아이들을 공부하게 만드는 마법의 조언이 담긴 책이었으니까요.

그런데 세상에 그런 책은 없었습니다. 날마다 서점과 도서관을 드나들었습니다. 다만 아들에게는 아무 말도 하지 않았습니다. 책상에 쌓인 책이 나의 실행을 보여 주는 것이었으니까요. 3주가 넘어가자 아들이 책상 위에 한가득 쌓인 책을 넘겨 보고 어떤 책인지 관심을 가졌습니다. 아들의 변화가 놀라웠지만 내색하지 않았습니다. 생각해 보면 결심한 지 아직 한 달도 되지 않은 시점이었기 때문입니다. 5주가 되고 6주, 7주로 넘어가는 시점에서도 흔들림 없이 결심을 실행했습니다. 그러자 아들이 가장 먼저 아빠를 인정하기 시작했습니다.

결국 아들은 자퇴하지 않았습니다. 솔직히 교육서를 읽고 뚜렷한 답을 얻지 못했지만, 일주일에 한 권 이상을 목표로 13년째 책을 읽고 있습니다. 그리고 아이를 반듯하게 키우겠다는 결심으로 시작한 독서가 나를 먼저 바꾸어 놓았습니다. 책을 읽고 나면 좋은 문장이 머릿속을 맴돌았고, 명문장을 정리하기 시작했습니다. 최근 5년은 책 제목과 내용을 간략히 정리했는데, 5백 권이 넘었습니다.

아울러 독서만으로는 부족하다는 생각이 들어, 주변에서 사례를 모았습니다. 직원 수 2천 명이 넘는 회사에 다니다 보니, 어려움을 극복한 사례를 모으기에 최적의 환경이었습니다. 교육서를 통해 배우지 못한 특별한 사연이 많았고, 아이돌을 준비하던 직원도 있었습니다. 사연을 접하면 무작정 식사 약속을 잡고 자연스럽게 학업의 과정에 대한 이야기를 들었습니다. 나중에는 소문이 나서 "이렇게 공부했다"라고 스스로 찾아와 알려 주는 사람들이 생겨날 정도였습니다. 그렇게 시간을 보내고 나니, 자연스럽게 사례와 독서가 결합되어 나만의 교육서를 만들 만한 든든한 자산이 되었습니다.

삶을 변화시킬 수 있는 요소가 '결심'이라면, 성취할 수 있는 요소는 '실천'에 있습니다. 실천의 핵심 요소는 '일상의 변화'와 '습관화'입니다. 아인슈타인은 "어제와 같은 오늘을 살면서 내일이 바뀌길 기대하는 건 정신병 초기 증세"라고 했습니다. 어제와 다른 오늘, 오늘과 다른 내일이 있기에 인생은 살맛 나는 것입니다. 어제와 오늘이 같다면 삶이 지루해서 내일을 기대하지 않게 될 것입니다.

아이 공부의 결정적 순간 찾아내기

"삶을 앞으로 나아가게 만드는 행동을 습관으로 만들면 그것이 바로 삶

을 바꾸는 성공의 기술이 된다."

• 브리애나 위스트Brianna Wiest, 시인·작가

부모의 역할은 직접 자녀를 가르치는 것이 아니라, 자녀가 스스로 공부하겠다고 결심하도록 돕는 것입니다. 이것이 아이를 지도하는 데 있어 진정 현명한 부모의 역할입니다. '줄탁동시啐啄同時'라는 말이 있습니다. 병아리는 안쪽에서 쪼고, 어미 닭은 밖에서 알을 쪼아야 병아리가 부화할 수 있습니다. 부화되는 알의 껍데기를 어미

가 깨 주면 병아리는 곧바로 죽고 맙니다. 부모가 선을 넘어서면 오히려 아이를 망치는 결과로 이어진다는 사실을 잘 보여 주는 이야기입니다.

이를 분명히 인식한 데일 카네기Dale Carnegie는 책에 쉬운 사례로 소개했습니다. 채소를 전혀 먹지 않아 부모의 속을 썩이던 아이가 있었습니다. 어느 날, 자신이 타던 세발자전거를 동네 형에게 뺏기고 울었습니다. 엄마는 '이때다' 하고, 채소를 먹으면 힘이 세지고 동네 형을 이길 수 있다고 말했습니다. 그날부터 아이가 채소를 먹기 시작했습니다. 아이가 진짜로 힘이 세졌는지, 세발자전거를 되찾아 왔는지는 중요하지 않습니다. 중요한 것은 아이가 그동안 전혀 먹지 않던 채소를 먹기 시작했다는 것이고, 그로 인해 몸에 필요한 영양분이 골고루 공급될 수 있었습니다.

카네기의 사례에서 부모는 현상을 보고 아이에게 동기를 심어 주었습니다. 그동안 아이에게는 채소를 먹어야 할 이유가 없었던 것입니다. 이유가 명확하지 않은 상태에서 맛없는 채소를 꾸역꾸역 먹을 필요가 있을까요? 아무리 배가 고파도 더 맛있는 것이 있다면 채소는 먹지 않게 됩니다. 그러나 아이에게는 목표가 생겼습니다. 불합리하게 당한 일, 억울하지만 힘이 없어 대적하지 못한 분노가 힘을 길러야 한다는 욕구로 작용했습니다. 이를 안 엄마는 "당장 가서 네 세발자전거를 찾아야지" "왜 네 것을 빼앗겨?" "내가 대신 가서 네 자전거를 찾아올게"라고 말하지 않았습니다. 아이에게 문제 상황을 직시하게 했고 그 요인을 찾아 대안으로 제시했습니다. 아이 마음을 정확히 읽어내고 동기를 부여했던 것입니다.

공부 첫 출발은 아이 마음 알기부터

부모가 많이 범하는 실수 중 하나는 어른의 관점에서 아이에게 설명하는 것입니다. 자신의 경험, 삶에서 터득한 방법을 스스럼없이 아이에게 투영합니다. 예를 들어 "공부를 잘해야 의사가 되고, 변호사도 되는 거야" "영어를 잘해야 글로벌 인재가 되는 거야" "공부를 못하면 학교에서 인정 못 받아" 같은 말을 가감 없이 내뱉습니다. 물론 이 중 틀린 말은 하나도 없습니다. 문제는 아이들도 모두 알고 있는 사실이라는 것이죠. 게다가 여기에는 내 아이만이 가진 특이성과 성향을 배려한 진심이 들어가 있지 않습니다. 그래서 아이들은 이런 말을 들어도 학습에 동기가 생기기는커녕 코웃음을 칩니다. '그걸 누가 몰라요?' 하면서 잔소리 그만하라고 소리를 빽 지르기도 합니다. 부모는 이에 질세라 "어디서 말대꾸하냐"라고 윽박지르고 공부시키려는 목적은 물 건너가 버립니다. 이런 악순환은 거의 모든 가정에서 매일 반복되는 일상입니다.

아이와 대화할 때, 모든 문제를 다 해결해 주지 않아도 됩니다. 학교생활이나 교우 관계, 학습의 문제를 대신 해결해 주는 부모만큼 어리석은 사람은 없습니다. 적극 개입이 아니라 함께 고민하는 게 현명한 처사입니다. "그랬구나!" "힘들었구나!" 하고 알아 주고, 응원한다는 의미로 가볍게 등을 두드려 주는 것만으로도 대부분의 문제가 해결됩니다. 관심을 가지고 응원하는 부모가 늘 옆에 있다는 사실만 알게 해 줘도 아이들은 스스로 힘을 내서 앞으로 나갈 수 있습니다.

특별히 사춘기 아이들은 이성 문제로 혼자 고민하는 경우가 많습니다. 아들이 중학교 2학년 무렵 일입니다. 어느 날 닭똥 같은 눈물을 흘리며, 여자 친구가 헤어지자고 했다고 말하더군요. 얼떨결에 아들의 고민을 듣고 당황하여 "차인 거네" 하고 웃으며 받아넘겼는데, 지금 생각하면 너무 경솔했습니다. 당시 문제 상황을 아들이 직시하도록 할 수 있었는데 말입니다. "그 친구가 너랑 헤어지자고 한 이유는 뭘까?"라고 질문만 던졌어도 아들이 다른 각도에서 자신을 바라보았을 것입니다. 그랬다면 그토록 잔소리했던 담배를 끊게 하고 공부하도록 유도할 수도 있었을 텐데요.

당시에는 교육의 방법을 모르는 권위적인 아빠의 전형이었습니다. 조금 더 일찍 교육서를 읽었더라면 아들이 어려운 길을 가지 않았을 수도 있었을 것입니다. 아들이 스스로 고민을 털어놓았을 때는 본인이 감당할 수 없어서일 텐데, 아무런 도움도 못 주고 오히려 비웃은 꼴이 되어 버렸으니 얼마나 믿지 못할 아빠로 보였을까요?

대부분 부모가 '아이들은 천지를 구분하지 못한다'라고 생각합니다. 아이들은 아무것도 모르니 어른이 나서서 닦고 조이고 기름칠해야 온전한 인간으로 거듭난다고 믿습니다. 그러니 일상적으로 아이를 대할 때 무시는 기본입니다. 대화나 설명, 이해나 타협 없이 그저 '넌 어려서 몰라' '한 살이라도 더 먹은 내 선택이 옳아'라는 심리가 아이를 대하는 어른의 마음에 지배적입니다. 그만큼 사회가 복잡하고 어려워 아이들의 눈높이에서는 풀어낼 수 없다는 뜻입니다.

하지만 아이는 이에 무조건 순응하지 않습니다. 그렇다고 인정하지도 않습니다. 그러니 강압적 제안은 절대 통하지 않습니다. 인도의 정신적·정치적 지도자 마하트마 간디Mahatma Gandhi도 청소년기에 담배를 피우기 시작했고, 이를 위해 도둑질을 한 적도 있다고 고백했습니다. 왜 담배를 피우면 안 되는지 동기가 부여되지 않았기에 통제하려는 어른에게 반항심만 키우게 되었다는 것이지요. 어린 간디에게 어른은 자신의 욕구를 가로막는 장애물일 뿐이었습니다. 결과적으로 보면, 이런 어린 시절의 경험이 간디를 정신적으로 성장시켰는지 모릅니다. 하지만 대부분은 역효과를 냅니다.

차분하게 아이의 눈높이에서 사태를 바라볼 수 있어야 아이의 행동과 사고를 바꿀 '동기'를 찾을 수 있습니다. 이를 발견하면 훨씬 쉽게 아이를 의욕적으로 변화시킬 수 있습니다. 공부 안 하는 아이를 '왜 공부를 안 하지? 답답하네'라는 심정으로 바라보면 계속 그렇게만 보입니다. 사랑하는 자녀가 나를 답답하게 만드는 존재가 되어 버리는 것입니다. 이런 심리로는 아이를 공부시킬 수 없습니다. 근본 원인을 파악하고 방안을 마련하기 전에 무작정 공부하라고 아무리 말한들 내 입만 아플 뿐 아이들은 절대 공부하지 않습니다. 대책도 없이 공부하라고 말하는 것은 아이의 잘못이 아니라 부모의 잘못입니다.

대신 한 걸음 떨어져 '요즘 아이가 뭐에 관심 있지?' '시간과 공을 가장 많이 들이는 일은 무엇이지?'를 먼저 살펴야 합니다. 그렇게 차분히 관찰하면서 아이에게 다가가면 근본 원인을 찾을 수 있습니다. 공부 안 하는 진짜 이유를 조심스럽게 알아보고 문제점을 아이와 같이 고민해서 해결해야 합니다.

요즘 학부모 상담에 빠지지 않는 고민은 "게임에만 빠져 있는 아이를 어떻게 할까요?" "휴대폰만 잡고 사는 아이는 어떻게 할까요?"라고 합니다. 적절한 해결책을 찾지 못한 어떤 부모는 아이 보는 앞에서 망치로 휴대폰을 깨 버렸다고 합니다. 그리고 이틀 뒤 새 휴대폰을 사 줬습니다. 왜 그랬을까요. "아이와 연락이 안 되니 갑갑했어요." 부모의 대답입니다. 이게 현실입니다. 당장 눈앞에서 일을 저지르지만, 대안이 없으면 문제는 다시 원점으로 회귀합니다. 그만큼 아이의 문제는 부모에게 해결하기 어려운 문제입니다.

단언컨대 답은 아이에게 있습니다. 그러므로 해결 방안도 아이에게서 찾아내야 합니다. 따라서 부모라면 평소 아이와 눈을 맞추고 행동을 관찰하며 성향과 문제 상황을 인지할 수 있어야 합니다. 이를 알면 바로 개선할 수 있다는 의미가 아닙니다. 적절한 동기부여가 필요할 때 특효약처럼 사용해야 합니다. 아이가 성적을 올리고 싶다고 말할 때 "스마트폰 사용 시간을 좀 줄여 보는 건 어때?"라고 말한다면 훨씬 쉽게 동의를 끌어낼 수 있지 않을까요? 키가 크고 싶다는 아이에게 운동을 권할 수도 있고요. 그러므로 아이가 불안하거나 불편한 요소 혹은 욕구를 말할 때야말로 아이에 대한 부모의 불만과 요구가 해소될 수 있는 가장 적절한 기회입니다.

아이의 '공부 발화점' 찾아내기

『사기史記』를 쓴 사마천은 바늘 없는 낚시로 세월을 낚은 강태공 姜太公을 언급하며 "큰일을 하려면 합당한 때를 기다려야 한다"라고 했습니다. 강태공은 주나라 문왕文王을 만나기 전 70세가 될 때까지 무위도식하며 지냈습니다. 아내가 밭에 일하러 나간 사이 비가 와도 밖에 널어놓은 곡식을 치우지 않았습니다. 결국 참다못한 강태공의 아내는 말년에 집을 나가 버렸습니다.

강태공은 낚시만 하고 집안을 전혀 보살피지 않는 듯해 보였지만, 실은 많은 책을 읽고 큰 뜻을 품은 사람이었습니다. 이러한 강태공의 지혜와 학식은 입소문을 타고 퍼졌습니다. 어느 날, 천하를 품고 싶은 주나라 문왕이 강태공을 찾아왔습니다. 문왕이 상대해야 할 은나라 주왕은 애첩 '달기'에 빠져 폭정을 일삼고 있었으며, 아들을 죽여 국을 끓인 고기를 아버지에게 먹게 했을 정도로 극악무도했습니다. 그런 문왕이 강태공을 찾아갔으니, 은나라를 멸할 명분과 준비가 충분히 되어 있을 때였을 것입니다.

강태공은 문왕의 아들 무왕武王을 도와 은나라를 멸하고 중국을 통일한 공로를 인정받아 제나라를 하사받고 시조가 되었습니다. 제나라는 지금의 청도, 위해가 있는 산둥반도에 있던 나라입니다. 이 소문을 들은 아내가 제나라의 왕이 된 강태공을 찾아갔습니다. 그러자 강태공은 그릇에 담긴 물을 엎은 뒤 주워 담아 보라고 말했습니다. 여기서 "한 번 엎질러진 물은 다시 담을 수 없다"라는 교훈을 다시 한번 되새기게 됩니다. 때를 기다리지 못했던 강태공의 아내는 남편이 한 나라의 왕이 되었음에도 함께할 수 없었습니다.

제갈공명도 때의 중요성을 알고 기다린 인물입니다. '적벽대전'에서 북서풍이 불어오는 추운 동짓날, 북쪽에 진을 치고 있는 위나라 조조의 군대를 화공으로 공격할 수 있도록 남동풍이 불 때를 기다렸습니다. 제갈공명이 신통력을 발휘했다는 이야기가 전해 오지만, 저기압을 동반한 온난전선 앞에는 동짓날에도 남동풍이 부는 날이 있었다고 합니다. 당시 제갈공명도 자연현상을 관찰하고 때가 되면 남동풍이 분다는 사실을 알고 있었을 것입니다. 적벽대전이 있기 전에도 당연히 그런 징후가 보였을 테니까요. 제갈공명은 적은 수의 군대로 대군을 격파하기 위해서는 화공을 쓸 수 있는 남동풍이 필요했고, 다행히 그날이 왔기에 적벽대전에서 10배가 넘는 100만 대군을 물리칠 수 있었습니다. 그러므로 어떤 일을 진행하는 데 적절한 때를 기다리는 것은 승패를 좌우하는 결정적 요인이 됩니다.

아이의 학습도 마찬가지입니다. 공부 잘하는 이성 친구에게 관심을 보일 때, 성적이 오르기를 원할 때, 공부 잘하는 아이를 부러워할 때, 미래에 꿈꾸는 직업을 가지려면 공부를 잘해야 한다는 사실을 인지했을 때, 주위 좋아하는 사람이 유명 대학에 다니고 있거나 졸업했을 때, 성공한 멘토가 제시한 공부법이 있을 때 등 아이의 학습 욕구가 강해지는 시점이 있습니다. 이 시점이 바로 '공부 발화점',

즉 공부하기로 결심하는 순간입니다. 공부뿐 아니라 재능을 계발할 때도 마찬가지입니다. 하고 싶은 일에 도전할 때도 강력한 동기가 들어와 물 만난 고기처럼 신나게 자신이 품은 뜻에 매진하고 싶어 합니다.

부모는 이때가 오기를 기다려 줘야 합니다. 재촉하거나 다그치지 말고 여유를 가지고 아이를 지원해 주며 중요한 시기를 놓치지 말아야 합니다. 아이 스스로는 때와 기회를 포착하기 어렵습니다. 단순한 관심인지, 일회성 호기심인지, 지속할 수 있는지 알 수 없습니다. 경험도 없을뿐더러 판단력이나 사고가 뒷받침되지 못하기 때문입니다. 그래서 '공부'로 방향을 돌려 주는 부모의 조력이 필요합니다.

그렇다면 부모는 아이가 결심할 때까지 막연히 기다려야 할까요? 결심에 이르도록 도와야 할까요? 돕는 데는 어떤 행동 요령이 있을까요? 여기에 정해진 답은 없지만, 경험에서 나온 두 가지 방법을 소개하고자 합니다.

고등학생 시절 밴드부 활동을 하던 아들은 공부와 점점 멀어졌습니다. 국어는 평균에서 오르락내리락했고, 사회와 한국사, 과학은 평균은커녕 꼴찌에 가까웠죠. 영어는 그나마 어학연수를 다녀온 탓에 제법 성적이 나왔고, 수학도 어느 정도는 해냈습니다. 그런데 아버지로서 제가 할 수 있는 일이 별로 없었습니다.

처음에는 아이가 스스로 자신의 부족함을 느끼고 포기하길 바랐습니다. 그것만이 제가 생각할 수 있는 유일한 해결책이었으니까요. 게다가 고등학생은 사랑의 매로 다스릴 수도 없는 법입니다. 그래서 택한 방법이 독서입니다. 아들에게 내가 먼저 변하겠다고 약속했으니, 달라진 모습을 보여 주기 위해서라도 책을 쌓아 둬야 했습니다. 어쩌면 절실했던 것 같습니다. 아들의 마음을 변화시켜야 했는데 직언이나 강압적 통제로는 불가능하다는 결론을 내리고는, 매일 보면서 다짐하기 위해 곧바로 휴대전화를 열어 딸의 이름을 '희망', 아들의 이름을 '소망'으로 바꾸었습니다.

그러고는 책을 읽다가 마음을 다스릴 수 있는 좋은 문구를 만나면 의식적으로 문자 메시지를 보냈습니다. 그렇게라도 아들이 책을 만나기를 바랐고, 글 속에 담긴 내 마음을 접할 기회를 주고 싶었습니다. 한눈에 읽을 수 있는 글귀로 보내니 아들도 부담이 없는지 답장을 보내오더군요. 물론 아주 짧은 답장이었지만, 그렇게 아들과 소통을 시작했다는 사실이 의미가 있었습니다. 이때 잔소리로 들리지 않는 글귀로 아들을 존중하고 인정한다는 의미를 담으려고 신경을 썼습니다. 그리고 그 글에 대해서는 집에서나 다른 공간에서 절대 입에 올리지 않았습니다.

문자를 보내면서 큰 기대를 걸지는 않았습니다. 안 보내는 것보다 낫겠지 하는 마음을 가졌을 뿐입니다. 그런데 나중에 아들에게 들어 보니 문자를 받을 때마다 '아빠'라는 존재에 대해 한 번 더 생각하는 계기가 되었다고 하더군요. 글을 통해서는 '나 지금 뭐 하고 있지?'라고 반문하게 되었다고 하니, 속수무책으로 때를 기다리기보다 자극을 주지 않으면서 친밀감을 높일 수 있는 행동이 중요하다는 생각이 듭니다.

핵 추진력, 즉 공부 자신감 키워 주기

자신감은 성공으로 가는 지름길입니다. 가난한 탄광 노동자의 손자로 태어난 소프트뱅크의 손정의 회장은 어릴 적 아버지에게 "너는 천재다"라는 말을 자주 들었다고 합니다. 재일교포로서 차별에 위축된 아들의 자신감을 키워 주기 위해서였는지는 몰라도, 손정의 회장은 훗날 아버지에게서 자주 들은 이 말 덕분에 어디에서 무슨 일을 하든 당당할 수 있었다고 고백했습니다.

자신이 상정한 목표를 이룰 수 있다는 확신과 할 수 있다는 자신감이 있으면 쉽게 도전할 수 있습니다. 반면 "올라가지 못할 나무는 쳐다보지 말라"라는 속담을 떠올려 보면, 목표를 너무 높이 잡으면 안 된다는 생각이 듭니다. 그렇다면 목표의 수위는 어느 정도가 적당할까요? 무조건 높이 잡고 도전하는 게 나을까요, 아니면 자신의 상황에 맞춰 감당할 수 있을 만큼만 잡는 게 나을까요? 아울러 어느 목표에서 아이는 추진력을 더 크게 발휘할까요?

저는 공부에 있어서는 목표를 높이 잡으라고 말하고 싶습니다. 이는 과학 실험에서도 밝혀진 사례입니다. 유리병에 벼룩을 넣어 두고 뚜껑을 닫았습니다. 그 벼룩은 갇힌 공간이 싫어 계속 뛰어올랐습니다. 하지만 뚜껑에 막혀 번번이 딱 거기까지밖에 뛸 수 없었습니다. 한참 시간이 흐른 뒤 뚜껑을 열고 벼룩이 맘껏 뛰도록 해 주었습니다. 결과는 어땠을까요?

그 벼룩은 계속 뚜껑이 있던 곳까지밖에 뛰어오르지 못했습니다. 자기 한계를 알아 버린 것입니다. 그리고 실패를 반복하고 싶지 않았던 것입니다. 뚜껑은 열렸지만, 벼룩은 자신의 가능성을 스스로 닫아 버렸습니다. 이는 심리학에서 말하는 '학습된 무기력'과도 연결됩니다. 하지만 여기서 더 설명하지는 않겠습니다. 중요한 건 아이의 가능성을 목표 단계에서 제한하면 안 된다는 것입니다.

세상에는 두 부류의 사람이 있습니다. 도전하는 사람과 현재에 만족하는 사람입니다. 전자는 발전할 것이지만, 후자는 현재의 자리도 지키지 못하고 퇴보할 것입니다. 성공을 위한 유일한 방법은 시작하는 것입니다. 시작을 가능하게 하는 만능열쇠는 높은 자신감입니다. 비록 아이의 자신감이 터무니없는 수준이라고 생각되더라도 일단 시작하려면 자신감을 되도록 더 크게, 더 확실하게 심어 줄 필요가 있습니다. 너무 큰 자신감으로 인해 공부하지 않는다면 문제가 되겠지만, 자신감이 강한 아이는 스스로 이를 증명하기 위해 노력합니다.

아이들은 공부 잘하고 싶은 마음을 가지고 있습니다. 다만, 공부가 뜻대로 되지 않고, 어렵다는 생각이 앞서는 까닭에 해 보기도 전에 전의를 상실합니다. 목표를 정하지 않고 공부한 탓입니다.

예컨대 진심으로 서울대를 목표로 공부하는 아이는 학년이 올라갈수록 매순간 치열해질 수밖에 없습니다. 만약 모의고사 성적이 떨어진다면 문제 요인을 스스로 분석할 것입니다. 부족한 과목의 점수를 채우기 위해 나설 것이고, 잠을 줄여 공부 시간을 확보할지 모릅니다.

자존감은 한 사람으로서 자신의 가치에 대한 감정입니다. 쉽게 표현하면 '자기 자신에 대한 만족감'입니다. 자존감이 강한 사람은 도전에서 성공할 확률이 높습니다. 높은 자존감은 공부와 마인드에서 긍정적인 효과를 냅니다. 아들은 중학교 졸업할 때까지 성적이 반에서 중간을 넘지 못했고, 고등학교 때는 성적이 더 떨어졌음에도, 연세대학교 실내건축학과에 가겠다고 호언장담했습니다. 공부하면 합격할 수 있다고 본인 스스로 믿은 것입니다. 부모가 보기에는 돈키호테의 망상장애에 가까웠지만, 의구심을 접고 당연히 가능할 것이라 신뢰를 보내 주었습니다. 그 결과는 아이 스스로 이루어 냈습니다.

자신감을 심어 주었다면, 자기 효능감을 높여 주어야 합니다. 교육 심리학에서 사용하는 '자기 효능감Self-Efficacy'은 '나는 이 일을 해낼 수 있다'는 기대와 신념입니다. 캐나다 심리학자 앨버트 밴듀라Albert Bandura가 제시한 개념으로, 이를 학습에 연결해 보면 성적이 상승할수록 아이가 스스로 공부하게 된다는 해석이 가능합니다. 그러니까 아이가 스스로 자기에게 기대를 걸 수 있도록 질문하는 것입니다. 아들이 공부하겠다고 마음먹었을 때 솔직히 반신반의했습니다. 그동안 아들이 매진했던 음악에서 온전히 빠져나오기가 쉽지 않다고 생각했기 때문입니다. 기타 피크를 쥐었던 손에 연필 잡기가 얼마나 어렵겠습니까. 그래서 질문했습니다.

"네가 너에게 거는 수학 점수는 몇 등급이야?"

아들은 질문을 받고 당황해하더군요. 한 번도 구체적으로 생각해 보지 못한 물음이었던 것입니다. 그동안 자신에게 걸었던 기대가 없었던 탓이기도 했지요. 그래서 한마디 덧붙였습니다.

"너의 몸과 정신은 그 기대를 만족시키기 위해 열심히 일할 거야. 그러니 너 자신에게 기대를 먼저 제시하는 게 좋을 거야."

실제로 아들은 수학에 집중하기 시작했고, 계획대로 고등학교 1학년 모의고사에서 수학 1등급을 받았습니다. 당연히 기대를 걸지 않은 국어는 성적이 너무 낮게 나와 다음 기대는 국어에 걸게 되었습니다. 아들은 무엇보다 자신이 건 기대만큼 점수가 나와 준 것에 "기대하니 되네?"라며 신기해했습니다. 아빠가 보기에는 기대만 한 게 아니라 그만큼 노력했기 때문이라고 말해 주고 싶었지만 참았습니다. 이미 아들이 터득한 사실이기 때문에 말을 보탠다 한들 사족이고 잔소리가 될 뿐이니까요.

심리학자 알프레트 아들러Alfred Adler는 야단치는 것뿐 아니라 칭찬하는 것 역시 경계했습니다. 칭찬받고 자란 사람은 어떤 행동을 할 때마다 인정받으려는 기대심리가 자신도 모르게 자리 잡는다고 꼭 짚어 말합니다. 반대로 야단맞으며 자란 아이는 어떻게 하면 야단맞지 않을까를 먼저 생각하게 됩니다. 그 과정에서 자신의 행동이 옳은지, 정당한지는 뒷전으로 밀려나기 쉽습니다. 그러므로 아이가 스스로 깨닫고 성취감을 느낄 때 부모는 아이의 행동이나 결과에 과잉 반응을 보일 필요 없습니다. 덤덤하게 웃어 주면 그걸로 족합니다.

자녀를 성공으로 이끄는 방법은 너무나 당연한 말이지만, 자신감을 갖게 하는 것입니다. 자녀를 서울대에 보낸 친구에게 비결을 물었더니 시험을 잘 볼 때마다 "네가 정한 목표를 이뤄내서 자랑스럽다"라고 표현했다고 하더군요. 아이가 칭찬받으며 자신이 세운 목표를 한 번 더 상기하게 하고 스스로 길을 잃지 않도록 유도했다는 것입니다. 친구는 세 명의 아이를 키우고 있는 워킹맘이라 아이의 공부를 챙길 여력이 없을 정도로 바쁜 사람이었음에도 세 자녀를 훌륭히 키워냈습니다. 부모라면 자녀가 목표를 향해 가는 데 필요한 자신감을 불어넣어 주고 자기 효능감을 느끼게 하는 데에 소홀함이 없어야 합니다.

내 아이는 결코 '열등생'이 아닙니다

. . . . .

아이가 태어나면, 부모는 아이가 방긋 웃기만 해도 기쁩니다. "아빠" "엄마"를 말하기만 해도 기특해서 어쩔 줄을 모르고, 유치원 발표회에 가면 내 아이만 눈에 들어옵니다. 하지만 공부를 시작하면 이야기가 달라지지요. 초등학교에서는 어느 정도 따라가는 것 같더니, 중학교 첫 시험에서 충격적인 점수를 받아 오면 갑자기 '현타'가 옵니다. 아무리 학원을 다녀도 점수는 꼴찌를 못 면하고, 이리저리 핑계를 대며 공부하지 않는 아이를 볼 때면 공부 잘하는 다른 아이들과 끊임없이 비교하며 내 아이를 '열등생' 취급하기에 이릅니다. 아이를 잘 키우고 싶지 않은 부모는 없습니다. 내 아이는 결코 열등생이 아닙니다. 아직 학습 엔진에 불이 붙지 않았기 때문입니다.

아이의 학습 엔진에 불을 붙이는 3단계 비법

"'최선을 다하겠어!'보다는 '한계치에서 딱 10퍼센트만 더 하겠어!'라는 태도를 가지면 성공에 그만큼 빠르게 접근할 수 있다. 세상의 모든 멋진 보상은 추가적인 10퍼센트에서 탄생한다."

• 보도 섀퍼Bodo Schafer, 작가·동기부여 전문가

저희 아들은 공부하러 방에 들어가면, 10분 간격으로 밖으로 나왔습니다. 도대체 학교에서 40분 이상의 수업을 어떻게 받는지 의심스러울 정도로 화장실이며 거실, 주방을 5분이 멀다 하고 드나듭니다. "목이 마르다" "졸립다" "배가 고프다" "화장실에 가야 한다"

"자꾸 콧물이 난다" 등 이유도 가지각색이었지요. 반대로 딸아이는 진득하게 앉아 온종일 책을 읽는 아이였고 고등학교 때까지 공부로 속 썩인 일이 없었지만 대학 진학 후 공부에서 손을 놔 버렸습니다. 책상에 10분도 앉아 있지 못하는 아들과, 대학 전공 수업에 전혀 흥미를 느끼지 못한 딸. 두 아이를 교육하며 깨달은 것은, 공부 안 하는 아이들의 학습 엔진에 불을 붙이는 데는 다음 세 가지가 필요하다는 점입니다.

스텝 1.
아이의 학습 문제 직시하기

●

자녀를 키우면 "순조롭다" "평안하다"라는 말은 남의 집 이야기가 되고 맙니다. 부모가 아이에게 잔소리할 때 비교하는 '엄마 친구 아들(딸)'처럼 그런 말은 허상의 단어, 가상의 현실처럼 들립니다. 그만큼 하루가 멀다 하고 갖가지 일이 터지지요. 다치기도 하고, 싸우기도 하고, 연락이 안 되기도 하고, 말썽을 부리기도 합니다. 품 안의 자식이라고 했던가요? 정말이지 아이를 품고 있을 때, 돌도 안 된 아이가 눈 마주쳐 주고 웃어 줄 때 부모로서 가장 편안했던 것 같습니다. 어릴 때는 부모가 눈만 부릅떠도 무서워했던 아이가, 악다구니를 써도 말을 듣지 않고 슬슬 거짓말하며 부모의 손아귀에서 벗어나는 걸 볼 때는 그야말로 복장이 터집니다. 하라는 공부는 안 하고 하지 말라는 짓만 골라 하니, 자식이지만 더는 보고 싶지 않을 때도 비일비재합니다.

아들은 유치원에 다닐 때부터 고등학생 때까지 한동네에 살았습니다. 그러니 친구라고 해 봐야 학교나 학원에서 만나는 동네 아이들이 전부였지요. 부모보다 더 많은 시간을 함께 보내는 친구 중에서도 자연스럽게 관심사가 비슷한 아이들끼리 뭉치게 되면서 더 친밀해졌습니다.

공부에 흥미가 없었던 아들은 공부 안 하는 중학교 동창 몇 명과 함께 어울려 다니며 담배를 피우기 시작했습니다. 고등학교에 가서도 담배를 피우며 집안에서 갈등을 일으켰습니다. 또래 친구들과 어울려 노는데, 도대체 어디서 어떻게 담배를 구하는지 알 수 없었습니다.

저는 언제 어디로 튈지 모르는 아들을 친구들과 떨어뜨려 놓기 위해 극강의 조치를 했습니다. 바로 학원을 집에서 가까운 종합반 학원으로 일방적으로 정해 버렸지요. 제가 출퇴근하면서 아들이 어떻게 공부하는지 지켜보고 잘못된 행동을 하면 언제든 관여할 수 있는 근거리 학원을 택한 것입니다. 어디 그뿐인가요. 학원이 끝날 무렵 종종 맛있는 간식도 사 주면서 담배와 관련해 대화를 나누어

보기도 했습니다. 하지만 돌아오는 답은 늘 한결같았습니다. 못 끊겠다는 것이었죠. 결국 저는 담배 문제에 대해서는 한발 물러서기로 했습니다. 그러고는 공부에 집중하라는 의미로 재수할 때는 아예 담배를 사서 아들 책꽂이에 꽂아 주었어요. 너무 많이 피우지 말라는 당부까지 덧붙이면서 말입니다.

저는 이 사실을 종합학원 담임 선생님께도 알렸습니다. 부모가 용인한다는 사실을 알고 있어야 아이를 이해할 수 있을 것이라 생각했으니까요. 그때 선생님이 뭐라 답했는지 정확히 기억나지 않지만, 학원에서 아들을 단순히 담배 피우는 '문제아'로 여기지는 않았던 것 같습니다. 어쩌면 선생님도 자식을 키우는 부모의 처지이기에, 누구보다 아빠의 심정을 이해했으리라 되짚어 봅니다.

부모는 자녀의 문제 요인을 감추는 데 급급합니다. 성적을 관리하거나 생활 지도가 목표인 학교와 학원에는 쉬쉬하며 결코 알리고 싶지 않은 건 당연하지요. 잘못된 길을 걷는 아이를 볼 때마다 혹시라도 누가 알까 봐 전전긍긍하며 집안에서 조용히 해결하려고 합니다. 그러나 부모가 아이를 만나는 시간은 한계가 있습니다. 식사 시간이나 공휴일 단 몇 시간만 스치듯 지나칠 뿐이니까요. 대화를 많이 하는 가정이라도 시시콜콜 모든 사건이나 고민을 공유하기는 어렵습니다. 그만큼 아이에 대해 알 수 없는 부분은 커집니다.

그러다 아이의 문제가 보이기 시작하면 빙산의 일각에 지나지 않습니다. 그 문제만 가리면 될 것 같아도 수면 아래는 부모가 보지 못하는 엄청난 문제 요소가 존재할지 모릅니다. 그런데도 쉬쉬한다고 해서 해결될 수 있을까요? 아이만 혼내고 강압적으로 통제한다고 해서 문제가 사라질까요? 절대로 그렇지 않습니다.

"안에서 새는 바가지 밖에서도 샌다"라는 옛말이 있습니다. 아이들이 모이는 곳, 학교나 학원에서 우리 아이가 어떤 역할로 어떤 일을 벌이고 있는지 알 수 없습니다. 그러기에 그곳에서 아이를 대하는 어른, 즉 학원 담임이나 원장과 적극적인 상담으로 아이의 집 밖에서의 모습을 알 필요가 있습니다. 그러면 부모가 모르는 아이의 상황과 모습이 보입니다.

그런 아들이 고3이 되어 공부하겠다고 선언했을 때, 부모가 무엇을 해야 하는지 고민했습니다. 지켜보기만 하라는 사람도 있고, 응원해 주라는 사람도 있고, 용돈을 많이 주라는 사람도 있었습니다. 그런데 결론은 아이의 심리나 상황, 마음 상태에 대해 너무 모른다는 것이었습니다. 그래서 학원에 찾아가 아이에 관해 물었습니다. 얼굴이 빨개질 정도로 불편한 말, 문제점에 대해 들을 땐 당장 아들을 불러다 혼내고 싶은 마음이 컸습니다. 상담 내내 '내 아들이 이 정도로 문제였나' 하는 생각이 지배적이었던 것 같습니다. 그렇지만 반박하지 못한 건 아들을 정확히 판단하고 그에 맞는 공부법을 제시해 주었을 뿐 아니라 함께 아들의 문제를 고민해 주는 사람이 있다는 위안이 컸던 까닭입니다. 그래서 지금 아이의 공부 문제를 고민하는 학부모를 만나면 자신 있게 말합니다.

"학원이든 학교든, 담임 선생님을 찾아가 보세요."

저는 상담을 통해 아들의 근본 원인을 찾았고, 아들은 수능시험을 치르고 배치표상의 인서울 대학에 갈 수 없다는 사실을 알고 공부를 열심히 해야 한다는 걸 깨닫게 되었다고 말했습니다. 사람은 자기의 문제점을 자각하면 쉽게 변화됩니다. 정시로 지원한 모든 대학에 낙방한 뒤, 아들은 스스로 자신의 나태함을 먼저 수정하기로 작정했습니다. 아침 7시 30분에 기상해서 하루 13시간 정도 계획을 탄탄하게 짜더니 실행하기 시작했습니다. 그때를 회상하며 아들은 세상에 태어나 처음으로 하루 종일 공부만 했다고 말했습니다.

재수 시절, 성적이 올라가고 있을 때 아들은 슬럼프에 빠지기도 했습니다. 정말이지 자녀를 교육하고 키우다 보면 하루도 편할 날이 없습니다. 아이의 슬럼프 극복에 또다시 학원 담임 선생님을 찾았고, 무너진 자신감을 회복하기 위해 도움을 요청했습니다. 아들과 함께 면담한 자리에서 선생님은 "전에도 말했지만 누구에게나 찾아오는 슬럼프가 지금 온 것"이라고 안심시켜 주었고, 아들도 안정을 찾는 듯했습니다.

그런데 상실한 자신감을 회복하는 과정에 한 번 더 어려운 문제가 발생했습니다. 재수 끝에 수능을 며칠 앞두고 기흉이 발생한 것입니다. 기흉은 폐에 구멍이 생겨 공기가 새면서 흉막강 안에 공기나 가스가 고이게 되는 질환입니다. 담배가 악영향을 미칠 수 있고, 마른 체형의 청소년에게 흔하게 발생한다고 알려져 있지요. 특별한 치료 없이 병원에 열흘 정도 산소마스크를 끼고 누워 있어야 했습니다.

다행히 수술 없이 완치되어 퇴원했지만, 아들은 담배가 악영향을 끼칠 수 있다는 말을 듣고도 공부 스트레스를 이기지 못해 담배를 또 찾았습니다. 그러다 결국 이틀 만에 또 기흉이 발생해서 입원하게 되었지요. 흉부외과 담당 의사는 "두 번째 기흉이 발생하면 통상적으로 수술해야 한다"라고 말했습니다. "수능이 이제 보름 남았다"라고 말하자, 수능 시험을 칠 수 없는 상황이 올 수도 있으니 자연 치유를 위해 애써 보자고 말하더군요. 다행히 아들은 무사히 시험을 칠 수 있었습니다.

지나고 보면, 오늘의 문제가 내일의 밑거름이 되기도 합니다. 따라서 부모는 아이의 문제를 회피하거나 두려워 말아야 합니다. 더 적극적으로 문제를 들여다보고 공유해야 합니다. 답이 보이지 않은

곳에도 길이 있다는 사실을 기억하고 아이와 소통해야 합니다. 종착지에 다다랐다고 포기하지 마세요. 되돌아가는 길에서 아름다움을 발견할 수도 있으니까요.

스텝 2.
자기 주도 학습으로 효율 극대화

●

공리주의를 대표하는 제러미 벤담Jeremy Bentham의 명언 '최대 다수의 최대 행복The greatest happiness of the greatest number'은 효율을 강조합니다. 가장 좋은 결과를 불러올 행동을 해야 한다는 것이지요. 여기서 이 원리를 공부에 적용해 보려 합니다. 같은 시간을 공부했을 때 효율을 최대한으로 높이는 방법을 알고 있기 때문입니다. 그 비법은 바로 '자기 주도 학습'입니다. AI 시대가 도래하면서 온라인 강의나 AI 기반 학습 플랫폼 등 교육에서도 빠른 변화가 일어나고 있습니다. 따라서 자기 주도 학습의 중요성이 더욱 커지고 있습니다.

그러나 안타깝게도 자기 주도 학습이 말처럼 쉽지만은 않습니다. 시작했다 해도 끝까지 정진하기 어렵다는 뜻입니다. 특히 청소년기에는 호기심이 많고 유혹에 흔들리기 쉽습니다. 그렇기에 학습의 낙오가 발생하기도 하지요.

자기 주도 학습은 아이가 어릴 때 몸에 익히는 것이 좋습니다. 꼭 공부가 아니더라도 아이와 함께 대화하며 스스로 우선순위를 정하고 시간을 배분하도록 해 보세요. 예를 들면 학교를 다녀온 뒤 시간을 어떻게 보낼지 계획을 짜 보는 것입니다. 학습지나 학원 숙제를 언제 할지, 스마트폰 사용은 얼마나 할지 아이가 스스로 정함으로써 그 시간에 책임을 완수하도록 해야 합니다. 부모가 시간을 정해 주고 했는지 안 했는지 점검하는 것보다 "언제 할 거니?"라고 물어주어야 합니다. 결정권을 넘김으로써 아이는 책임을 지게 되며, 부모는 아이를 믿고 신뢰하게 됩니다.

사소한 일 같지만, 공부 습관이 길러지면 아이는 점차 시간을 주도해서 사용할 수 있게 됩니다. 다음 하루의 학습량을 정할 때도 마찬가지입니다. 영어단어를 외워야 한다든지, 시험 일정에 맞춰 공부해야 할 때, 매일 해야 하는 학습이 있을 때, 악기를 연습해야 할 때 아이 스스로 시간을 계획하고 자신이 정한 시간에 그 일을 하도록 해야 합니다. 그래야만 자기 주도에서 오는 성취감과 만족감을 느낄 수 있습니다.

문제는 중·고등학교에 다니는 자녀의 자기 주도 학습입니다. 초등학생 때부터 습관이 되어 있다면 걱정을 좀 내려놓아도 될 테지만, 그렇지 않다면 사춘기를 지나 공부에 의욕을 불태울 때 무엇을 먼저, 어떻게 접근해야 할지 난감해합니다. 이때는 공부의 양이나 질이 문제가 아닙니다. 일단 공부를 안 하던 아이가 공부를 시작하려고 한다면 책상 앞에 앉아 있는 일부터 쉽지 않습니다. 집중하지 못하기 때문입니다. 이때는 책상 앞에 앉아 있는 시간부터 늘려가야 합니다. 스톱워치를 가져다 두고 강제할 수도 있습니다. 의욕적으로 공부를 시작할 때는 효과를 거둘 수도 있습니다. 하지만 의지가 사그라들수록 스톱워치는 무용지물이 되고 맙니다. 의욕이 사그라들지 않게 하려면 아이가 성취감을 느껴야 합니다.

소아정신건강의학과 전문의 김효원 교수는 그의 저서『아이에게 딱 하나만 가르친다면, 자기 조절』에서 자기 주도 학습을 습관으로 장착하려는 시도 단계에서는 시간만 채우는 성취감보다 가시적으로 확인할 수 있는 성취가 좋다고 말합니다. 가령 교과서나 필독서를 읽고 200자나 500자로 요약하는 방법을 사용해 보세요. 매일 시간을 정해 두고 해야 합니다. 문제집 풀기나 영어 지문을 독해하는 방법도 효과적입니다.

계획표를 작성할 때 일간이나 주간 단위로 세분화하고, 공부만 하기보다 운동이나 휴식 시간을 적절히 안배하도록 해야 합니다. 처음에 욕심을 부려 공부 또 공부로 시간을 배정하다 보면, 지치기 쉽고 자기 주도 학습을 포기하는 결과를 낳기도 합니다. 가장 중요한 것은 오늘 자기 주도 학습이 즐거워야 다음 날도 주도적으로 공부를 리드해 갈 수 있다는 사실입니다.

다만, 자기 주도 학습이라고 해서 모든 계획과 실행을 아이에게만 맡겨 두어서는 안 됩니다. 점검의 단계에서 혹은 확인의 단계에서, 성취와 목표를 정하는 단계에서 부모와 상의하고 조언을 구하도록 아이에게 제안해 두세요. 자기 주도 학습이 생각보다 어려운 일, 지속하기 어려운 일이라는 것을 밝혀 두고, 부모가 통제권을 갖지 않지만 도움을 주겠다는 의중을 확실히 보여 주어야 합니다. 그래야만 아이가 스스로 감당하기 어렵고 포기하고 싶을 때 부모의 눈치를 보지 않고 도움을 요청할 수 있으니까요.

자기 주도 학습의 성공 사례를 하나 소개하려 합니다.

지인의 아들이 고등학생 때 "엄마, 공군사관학교에 가려면 어떻게 해야 해?"라고 물었답니다. 아이가 공부에 관해 엄마에게 처음으로 도움을 요청한 것이었지만 당시 아이 성적으로는 엄두도 못 낼 상황이었다고 합니다. 그렇지만 아이 앞에서 "네 성적으로는 어려워"라고 말할 수 없었습니다. 대신 지금부터 준비하면 가능하다고 용기를 주었습니다. 그리고 마지막에 한마디를 던졌습니다.

"그 학교에 입학하려면 어느 정도 성적이어야 하는지 알아봐."

아이는 부모가 생각하는 것보다 진지하게 학교의 입학 성적, 학교생활 및 분위기, 졸업 후 진로 등 다양한 정보를 알아봤습니다. 아이 스스로 적성에 잘 맞는다고 판단했고, 자신의 장점을 발휘하고 단점을 보완하여 항공우주공학에 필요한 역량들을 채워 갈 수 있는 곳이라 기대된다고 말했습니다.

‘1년이라는 짧은 시간에 높은 성적을 내야 한다’라는 생각으로 아이에게 취약한 과목인 국어와 수학학원에 등록했습니다. 아이도 본격적으로 공부를 시작해 그 어느 때보다 치열한 시간을 보냈습니다. 하지만 고등학교 3학년 때 사관학교 1차 시험에서 불합격했고, 수능에서도 원하는 성적을 얻지 못했습니다. 부모가 어떻게 하고 싶은지 묻자, 아이는 한 번 더 도전하겠다고 했습니다.

생활환경이 바뀐 만큼 공부 패턴에 대한 변화가 필요했습니다. 부모는 아이에게 어떤 방식으로 공부하고 싶은지 생각할 시간을 주었습니다. 아이는 자신이 스스로 공부해 보겠다고 말했습니다. 사교육의 도움 없이 스스로 하더라도 공부의 방향성을 잡아 주기 위해서 아이에게 학습 계획을 수립하도록 권했습니다. 그리고 아이가 수립한 공부 계획과 방향을 지지해 주었습니다.

그 결과 1년 뒤 무사히 합격했고, 지금은 공군사관생도가 되었습니다. 아이 스스로 해낸 것입니다. 목표를 달성하느라 힘들어했지만, 모든 과정을 스스로 선택했기에 즐거움도 있었습니다. 무엇보다 이제는 어디서 어떤 일을 하든 스스로 결정하고 그 일에 최선을 다하는 법을 알고 있습니다.

부모는 아이와 대화할 때 자신의 의견을 주입하기보다는 아이가 스스로 자신에게 주어진 상황을 이겨낼 수 있는 환경을 마련해야 합니다. 앞으로의 인생을 헤쳐 나가는 것은 오로지 아이의 몫입니다. 부모의 의견이 정답인 것처럼 아이에게 말하는 것이 아니라, 아이의 의견을 가장 우선순위로 반영하고 어떤 결정에 있어서 고민할 시간을 충분히 할애해 줘야 합니다.

자기 주도 학습은 "부모가 질문하고 아이가 스스로 답을 찾게 한다"라는 측면에서 유대인 교육법 하브루타havruta와 상당히 유사합니다. 유대인들은 오랫동안 대화와 토론으로 아이 스스로 깨닫도록 가르쳐 왔습니다. 그 결과 세계적인 인재들을 키워낼 수 있었지요.

이렇듯 부모는 자녀의 의견을 묻는 사람이지 정답을 가르쳐 주는 사람이 아니라는 것을 명심해야 합니다. 자기 주도 학습은 아이 공부법의 진리이지만, 그 역량은 부모의 질문에서 시작됩니다.

스텝 3.
아이의 페이스메이커 되어 주기

●

경기장에서 운동하는 선수보다 경기장 밖에서 지켜보는 사람이 경기를 제대로 볼 수 있습니다. 시야가 더 넓기 때문이지요. 그래서 경기를 지켜보는 관중들은 선수들이 뛰는 모습을 보며 흥분해서 소리치곤 합니다. "야, 왜 그렇게 해?" "그것밖에 못 해?" "정신 똑바로 안 차려?" 답답함에서 나오는 소리이지만 선수들의 귀에 들릴 리 만무합니다.

아이의 공부를 여기에 대입해 보면 똑같지 않을까요? 성적표를 들고 다그칠 때 부모가 하는 소리는 관중이 하는 말들과 비슷합니다. 철저하게 관중의 관점에서 아이를 다그치는 것이지요. 안타깝게도 이 다그침이 아이의 상황을 바꿀 리 없습니다. 공부라는 영역은 절대적으로 아이가 뛰는 경기입니다. 치열한 경쟁 속에서 자기 역량을 끊임없이 발휘해야 하는 지독한 승부의 세계, 순위가 매겨지고 우등생과 열등생으로 나뉘는 체계는 아이들에게 부담으로 작용할 수밖에 없습니다. 누구도 내 편이 없는 곳에서 자기 힘으로 서야만 하는 그 과정이 힘겨울 뿐이지요.

이런 아이에게 좋은 페이스메이커가 있다면 어떻게 될까요? 페이스메이커는, 마라톤이나 중·장거리 육상에서 선수가 일정한 속도와 목표를 설정해 끝까지 완주하도록 함께 뛰어 주는 역할을 합니다. 대한민국에서 태어나 입시라는 커다란 관문을 향해 뛰어가야 하는 아이에게 어깨를 걸고 함께 뛰며 공부의 짐을 나눠서 지는 사람이 있다면, 공부 전략을 함께 고민해 주는 사람이 있다면, 용기를 북돋워 주는 사람이 있다면 훨씬 수월하게 공부에 매진할 수 있지 않을까요?

그러므로 경기에 페이스메이커가 필요하듯이, 공부하는 아이에게는 부모의 관리와 격려가 필요합니다. 아이들이 공부를 시작하면, 부모는 학교와 학원만 믿고 뒷짐 지고 있기보다는 입시 정보를 수집하고 분석해야 합니다. 입시 환경이 매년 바뀌기 때문에 주의해서 정보를 수집·분석해서 아이와 공유하면서 응원해 주어야 합니다. 그 과정에서 아이와 많은 이야기를 나누는 것은 말할 것도 없고요. 아이들이 입학하는 시점에 입시 요강이 어떻게 바뀔지도 예측해 보고, 애매한 부분은 담당자에게 물어볼 필요가 있습니다. 요강이 발표되기 전, 다음 해 입시 요강에 대해 정확히 알려 주지 않지만, 담당자와 통화해 보면 어떻게 준비해야 하는지 정도는 도움을 받을 수 있습니다.

입시 요강에서 항목별 배점 비율, 최저점 등으로 자녀에게 적합한 학교를 찾을 수 있습니다. 일반적으로 항목별 배점이 중요하다고 판단할 수 있지만, 배점 비율이 높더라도 최저점이 함께 높다면 당락에 결정적인 영향을 미치지 않는 경우도 있습니다. 예를 들면, 내신 60%, 영어 20%, 수학 20%인 입시 요강에서 내신 최하위 학생에게 56점이 부여되고, 영어와 수학의 최저점이 1점이라면 내신은 중요한 평가 요소가 아닐 수 있습니다. 부모가 어렵게 알게 된 사실을 알려 주고 소통하면, 다소 느슨하게 준비하던 아이들도 힘을 얻고 노력을 기울이게 됩니다.

공부 방법이나 전략은 자녀와 충분히 이야기하고 아이의 컨디션에 따라 조절해야 합니다. 쉬고 싶다면 스트레스를 주는 것보다 심적 여유를 가지도록 하는 것이 유용합니다. 이를 위해 영화를 함께 보거나 같은 책을 읽는 것을 추천합니다. 여기서 중요한 점은 '같은 것을 함께 한다'는 데 있습니다. 페이스메이커가 오로지 말로만 함께한다면 어떻게 될까요? 서로 고민이나 상태가 체감되지 않아, 각자 다른 방향으로 뛸 수 있습니다.

아들에게 문자 메시지로 소개한 책 중 아우슈비츠 수용소에서 살아남은 유대인 정신과 의사인 빅터 플랭클Viktor Frankl이 쓴 『빅터 프랭클의 죽음의 수용소에서』가 있습니다. 그는 수용소의 건축 공사장에서 강제 노동할 때 '수용소에서 풀려난 뒤에 일어날 수 있는 일'에 대해 서로 이야기하면서 어려움을 극복했다고 고백했습니다. 예를 들면, 멋진 저녁 식사에 초대받아 갔는데 주인이 "수프를 더 드시겠어요?"라고 물었을 때를 상상하면서 "냄비 바닥을 박박 긁어서 떠 주세요!"라고 말하고 껄껄 웃을 수 있었다고 말입니다.

수용소에서 풀려난 후의 일을 상상한다는 것은 얼마나 즐거운 상상이었을까요? 미래에 일어날 일을 상상하며 현재의 고통을 잠시 잊고 마음껏 웃으며, 그날이 오기를 상상하는 것만으로도 재미를

넘어 행복을 느낄 수 있습니다. 성공은 성공한 내 모습을 그리는 데
서부터 시작된다고 합니다.

아이들이 학교에서, 학원에서 온종일 공부에 집중하기는 어려운
일입니다. 대단한 결심을 한 어른들도 작심삼일에 끝나는 경우가
많은데, 아직 심신이 연약한 아이는 더 쉽게 흔들릴 수 있습니다. 아
이들은 스트레스를 풀기 위해 게임을 하거나, 친구와 어울려 다니
기도 합니다. 잠시 스트레스를 해소하기 위해 시작한 행동이 자신
도 모르는 사이에 공부를 망치기도 하지요.

그런 의미에서 아이들이 힘들어할 때, 자신의 성공한 모습을 그려
보면서 스트레스를 해소할 수 있도록 도와줄 필요가 있습니다. 아이
들이 잠시 충전하면서 결심을 강화할 수 있는 방법을 찾아 잘 쉴 수
있게 해 주어야 흔들리지 않고 공부에 집중할 수 있습니다. 그 상황
에서 부모는 쉼이 되어 주기도 하고 위안이 되어 주기도 하며 함께
뛰어야 합니다. 뒷짐 지고 있으면서 아이가 잘 뛰기를 바라서는 안
됩니다. 제자리 뛰기라도 하면서 아이와 호흡을 맞춰야 합니다.

02

어려움 속에서 기회를 발견하는 아이로 키우기

"지금 하는 일이 당신의 인생을 향하고 있는지 스스로에게 물어라."

● 스티브 잡스Steve Jobs, 애플 창업자

'A+'는 커녕 전공 수업이 싫다는 아이

고등학교 3년 내내 내신 4등급에서 5등급 사이를 맴돌고 몇몇 과목은 전교 꼴찌에 가깝던 아들은 고3 막바지에 마지막 스퍼트를 냈습니다. 2학년까지 제대로 공부하지 않았던 불리함에도 끝까지 전력 질주했지만, 입시에서 여지없이 고배를 마셨습니다. 그러던 아들이 재수 끝에 연세대 실내건축학과에 입학했습니다. 재수 1년 만에 엄청난 발전을 이룬 셈이지요.

하지만 아빠인 저는 솔직히 미련이 남았습니다. '재수하던 마지막 한 달 동안 두 번의 기흉으로 인해 병원에 누워 있지 않았다면 어떤 결과를 얻었을까?' 그런 생각에 아들에게 넌지시 삼수를 권하기도 했습니다. 아들은 "국사 공부를 새롭게 시작하기는 무리"라고 거절했습니다. 본인이 결심하지 않고는 일이 성사될 수 없다는 것을 알고 있었기 때문에 그 정도 선에서 물러섰지요. 만약 다음 해에 국사가 수능에 새롭게 포함되지 않았다면 아마 아들도 삼수를 택했을 것입니다.

그러다 대학 신입생이 되어 잘 지내나 싶었는데, 2학년이 되어 본과 전공 수업이 시작되자 문제가 발생했습니다. 설계 수업을 듣기 시작한 아들의 표정이 어둡기만 했습니다. 어느 날 "대학 생활에서 힘든 부분은 없는지" 묻자, 아이가 어렵게 입을 열었습니다.

"건축학이 너무 싫어요."

잠시 머뭇거리던 아들은 설계용 T자를 들고 다니면 멋있을 것 같아 실내건축학과 진학을 결심했다고 고백했습니다. 그토록 꿈꾸던 대학, 원하던 전공이었지만 막상 진학해 보니 "1㎜ 간격으로 줄을 그을 때마다 자신이 지금 왜 이걸 하는지 모르겠다"라며 고개를 떨구었습니다. 그만큼 전공 학과에 흥미를 갖지 못했던 것이지요. 자기만의 관점으로 실내건축학과를 택했지만, 전공 수업을 들어 보니 이상과 현실은 달랐다는 것입니다.

대학 입시에서 아이들이 학과를 선택할 때 부모와 의견이 맞지 않는 경우가 종종 있습니다. 부모는 아이의 성적과 학과의 전망을 생각하고 제안하지만, 아이는 자신이 해 보고 싶은 일이나 관심이 가는 일, 자신의 포부와 맞는 학과를 선택하려고 하지요. 아이의 결정은 지극히 개인의 욕구나 호기심, 친구, 점수를 더 많이 반영합니다. 아이에게는 미래가 너무나 머나먼 이야기이며, 합격이 먼저이고 공부는 적응하면 괜찮을 거라고 믿습니다. 대학이나 사회를 경험해 보지 않았기에 막연하고, 자기 의지대로 하기에는 불안한 것도 사실입니다. 그런데도 대학은 고등학교 이후 선택적 상황이 아닌 필수 과정으로 이해하기에 불가피하게 자신이 가야 할 학과를 정하기도 합니다.

여기서 지인의 아이 이야기를 꺼내지 않을 수 없네요. 아이는 전교 수석으로 서경대 미용학과에 입학했습니다. 그 성적이면 좋은 대학에 원서를 내 보는 게 좋겠다는 저의 조언에도 불구하고, 지인은 아이에게 말 한마디 제대로 꺼내 보지 못한 채 상황을 받아들였습니다. 아이는 대학을 졸업하기에 이르렀습니다. 그런데 얼마 전

아이의 안부를 물었다가 뜻밖의 소식을 접했습니다. 아이가 3년이 지난 지금까지 전공 관련 직업을 찾지 못하고 있다는 것이었죠. 이 유인즉슨, 미용 관련 일에 관심이 사라져서였습니다. 물론 현실의 벽도 만만치 않았겠지요. 지금은 애초에 졸업 후 진로를 자세히 알아보지 않고 학과를 선택한 것을 후회한다고 했습니다.

세상은 하루하루 눈에 띄게 변하고 있고, 사람의 마음은 변덕스럽기 그지없습니다. 대학교와 학과를 선택할 때라고 다를까요? 그러니 전과, 복수 전공, 이중 전공, 대학원 진학 등도 염두에 두고 아이가 전공이 싫어졌을 때 한 번 더 기회를 얻을 가능성을 열어 두어야 합니다. 어린 나이에 선택한 전공에 대한 애착이 변하지 않는다는 법도 없으니까요. 아이가 선택한 전공을 무작정 무시하라는 말은 결코 아닙니다. 타협안을 찾아야 하고, 그 전에 그 학과에 대한 세밀한 조사로 많은 정보를 수집해야 합니다.

여기서 공간디자인을 전공하고 싶다는 고등학교 1학년 아이를 데리고 관련 학원에 찾아가 상담받고 진로를 결정했다는 학부모의 사례가 좋은 본보기가 될 듯합니다. 아이는 전문대학에 진학해 공간디자인을 배운 뒤 적성에 맞는지 확인했습니다. 이후 사이버대학교에서 학사를 이수하고 바로 공간디자인 관련 대학원에 진학하여 박사학위를 받았습니다.

대한민국에서 태어난 아이들은 대다수가 대학 입시라는 하나의 길을 향해 모두 함께 질주합니다. 하지만 아이 앞에는 여러 갈래의 길이 있습니다. 고등학교 1학년이 되면 입시가 시작됩니다. 학교 성적에만 신경 쓰지 말고 부모는 아이의 대학 진로와 미래를 위해 준비해야 합니다.

흔히 아이의 성공 여부는 부모의 '정보력'에 달려 있다고 하지요. 그러므로 주먹구구식이 아니라 구체적으로 학과 공부 내용이나 졸업 후 진로, 업무의 애로사항 등을 알아보는 것이 좋습니다. 아이가 그 학과를 갈 수 있는지 여부를 판단하라는 것이 아니라 아이의 성향과 맞을지, 체력이 감당할 수 있는 일인지, 대학에서는 어떤 자격증을 취득하는지 알아보는 것입니다. 물론 학과 결정은 전적으로 아이의 선택을 존중해야 합니다. 하지만 아이는 정보가 부족하고 근시안적 판단을 하기 때문에, 부모가 거시적인 안목에서 판단하고 조언해 줄 수 있어야 합니다. 그럴 때 아이는 부모를 더욱더 신뢰하며 조언을 진중하게 받아들이게 되겠지요?

잘못된 선택은 '한 번 더'라는 기회다

부모라면 누구든 자녀를 물끄러미 바라보면서 '쟤는 누굴 닮았을까?'라고 생각해 본 적 있을 것입니다. 성격은 물론이고 호기심, 지적 능력, 사고력, 판단력 등 공부와 관련된 모든 영역에서 발휘되는 능력을 보면서 아이의 유전적 요인을 타진합니다. 재능 요소도 마찬가지입니다.

특히 아이가 사춘기를 넘어 청소년기, 즉 중학생이 되거나 고등학교에 들어가면 그 고민은 더 깊어집니다. '나를 닮아 공부를 못하나?' '어쩜 저렇게 나의 고등학생 때랑 똑같을까?' '닮지 않았으면 하는 것만 쏙쏙 빼닮았네.' 이렇게 자책하기도 합니다. 한편으로는 '이렇게 공부하기 편한 환경을 만들어 줬는데 대체 뭐가 문제야?' '다른 걱정 없이 공부만 하라는데 왜 안 하지?' '뭐가 부족해서 성적이 이 지경이야?'라며 기대에 못 미치는 아이를 원망하기도 합니다.

그렇다면 우리 아이는 유전적으로 공부를 안 하거나 못하는 것일까요? '일타' 강사를 못 만나서일까요? 아니면 강남 아이들과 공부 환경이 달라서일까요? 자녀 공부에 욕심이 많은 부모는 아이의 학령기 내내 자책과 남 탓, 환경 탓만 합니다. 하지만 수학 교수의 자녀도 최하위 수학 등급을 받을 수 있습니다. 검사의 자녀이지만 공부가 싫어 무용을 택한 아이도 있습니다. 공학박사의 자녀가 뮤지컬 공연의 스태프가 되고 싶어 하기도 합니다. 그러니까 제아무리 좋은 머리를 물려 줘도, 최상위층 환경에서 살게 해도 아이를 부모가 원하는 대로 이끌기는 어려운 법입니다.

그러므로 부모는 유전이나 환경의 문제로 고민할 필요가 없습니다. 대신 아이의 페이스메이커로서 흔들리지 말고 그 역할만 충실하면 그걸로 족합니다. 저는 아들이 애써 들어간 실내건축학과에 완전히 흥미를 잃자, 빈 둥지 증후군을 앓았습니다. '빈 둥지 증후군'이란, 자녀가 부모의 보살핌에서 벗어날 때 부모에게 나타나는 일종의 허탈감과 우울 증세입니다. 자녀의 입시에 매달렸던 부모에게 찾아오는 허전함이기도 하지요. 이는 사실 자녀의 입시 성패 여부와 관계없이 찾아옵니다.

아들의 입시가 끝나고 원하는 대학의 원하는 학과에 들어가자 함께 신이 났었습니다. 아들이 고등학교 자퇴를 선언한 뒤 이제부터 아들과 함께 뛰겠다는 결심을 했던 것이, 빛을 보는 듯했습니다. 하지만 그것도 잠시, 신나게 학교에 다녀야 할 아이 입에서 '잘못된 선택'이라는 말이 나오자 온몸의 기력이 빠져나간 것 같았습니다. 내가 그동안 애쓰고 노력해 쌓은 탑이 와르르 무너지는 기분이랄까요.

우울한 감정에서 벗어나려고 친구들을 자주 만났고, 부지런히 움직여서 극복하려고 노력했습니다. 저처럼 빈 둥지 증후군을 앓고 있는 지인을 만나 무너진 심정을 공유하기도 했습니다. 하지만 집으로 돌아와 아이를 마주하면 대책 없이 우울해졌습니다. 이럴 때를 대비해 차선책을 세워 두었다면, 혹시 실패할 수도 있다는 생각을 한 번이라도 했더라면 충격이 덜했을 것입니다. 그야말로 마른 하늘에 날벼락처럼 전혀 예상치 못한 상황에 맞닥뜨리니 헤어날 길을 찾지 못했습니다.

살면서 어려움에 부딪힐 때마다 가슴에 품고 있던 전화위복을 떠올렸습니다. 아들의 장래를 고민하면서 문제가 눈앞에 닥치니 우울한 증세는 자연스럽게 사라졌습니다. 솔직히 정신이 없어서 우울할 시간이 없었던 것이지요. 대학교 2학년 2학기에 느닷없이 의대 편입학을 준비하기로 결심한 아들을 뒷바라지하는 일은 만만치 않아 알아보고 확인해야 할 것이 많았습니다. 의학전문대학원(이하 '의전원')과 학사 편입 전형이 있는 의과대학 리스트를 뽑아 무작정 도전해 보기로 아들과 의견 일치를 봤습니다. 아들도 재수하던 마지막 한 달을 병원에서 보내면서 의사가 되면 좋겠다고 말했었고, 해부학 실습, 생물 수업 등을 거쳐 적성에 맞는지도 확인한 상태였습니다. 그렇게 의대에 가기 위한 절차, 해야 할 공부를 파악한 뒤 아들은 새로운 도전을 시작했습니다.

이 과정을 함께하며 아들을 지켜보니 저를 꼭 닮은 부분이 많았습니다. 일단 목표를 정하면 최선을 다했습니다. 아마 음악을 하며 기타에 몰입했던 것도 이러한 성격 때문일 것입니다. 그러니 아들은 공부를 유전적 지능으로 하는 게 아니라 타고난 성실함으로, 어쩌면 목표를 이루고야 말겠다는 끈질긴 투지로 정진하는 것이었습니다. 아들은 도전하기로 마음을 먹게 되는 과정에서 공부하는 순간까지 그 어떤 환경도 탓하지 않았고, 똑똑한 머리를 물려주지 않은 부모를 탓하지도 않았습니다. 불만은 핑계이고, 핑계는 도전이나 목표를 이루지 않겠다는 선언인 것을 알았던 것이지요.

그러므로 아이 공부 실력에 있어 부모가 유전자나 자기 능력을 탓하는 것만큼 부질없는 일도 없습니다. 차라리 그 시간에, 모든 가능성을 열어 두고 아이를 믿고 지지해 주어야 합니다. 하고 싶은 일에 도전할 수 있도록 넌지시 목표를 제시해 주고 같이 뛰겠다는 마음가짐만 다지면 됩니다.

소통하기 어렵다면, 순도 100%로 포용해라

많은 부모가 자녀와의 소통 문제를 고민합니다. 아이가 청소년기에 접어들면 세대 간 갈등이 더욱 커집니다. 요즘 TV나 대중 매체에서 "나 때는 말이야"라는 말을 절대 하지 말아야 한다고 경고합니다. 그 말을 꺼내는 순간 '꼰대'가 된다는 것입니다. 이를 받아들이는 사람의 표정을 보면 거의 혐오 수준입니다. 그러나 어찌하겠습니까. 시대적으로 상황과 성장 환경이 달랐던 것을 참작하며 눈감아 줄 수밖에요. 다르게 생각하면 그 말을 긍정적으로 받아들여 "그랬구나" "그래서 그렇게 생각할 수도 있구나" "요즘은 이렇게 바뀌었어요"라면서 대화를 이어 갈 수도 있습니다.

<u>소통의 부재는 세대 간 격차에서만 오는 것은 아닙니다. 다른 성격이 부딪히며 생기는 갈등 때문이기도 합니다.</u> 우리 집도 마찬가지였습니다. 첫째인 딸아이와 저는 성격이 똑같아서 툭하면 부딪쳤습니다. 자기주장이 강하고 다른 사람의 말을 안 듣고, 한 번 꽂히면 완전히 빠져드는 성격이었습니다. 문제가 생기면 기필코 해결해야만 잠을 잘 수 있으니, 둘이 부딪치면 끝장을 봐야 하기에 늘 시끄러웠습니다. 서로 자신의 주장이 맞고 상대의 주장은 무조건 틀리기에 한발도 물러서지 않고 다퉜습니다. 대신 어떤 문제든 합이 맞으면 이보다 더 훌륭한 파트너가 없다는 장점도 있었습니다. 자식이기는 부모 없다고 했던가요. 저는 결국 딸아이가 고등학교 3학년 때, 공부에 더 이상 관여하지 않겠다고 선언했습니다. 아빠와 싸우고 공부가 잘될 리 없다고 판단했기 때문입니다.

그렇다면 저와 성격이 완전히 반대인 아들과는 소통이 잘 되었을까요? 그렇지 않았습니다. 매사에 느긋한 아내 성격을 꼭 빼닮아제 속을 완전히 뒤집어 놓았습니다. 시험이 임박해야 비로소 공부를 시작했고, 재촉하지 않고 가만히 내버려 두면 마지막 순간까지 손을 놓고 있었습니다. 왜 그렇게 하느냐고 물어보면 "자신 있기 때문"이라는 얼토당토않은 말만 늘어놓았지요. 그러면 저는 또 다그

쳤습니다. "시험에 자신이 있다니 무슨 말이야. 어떤 문제가 나올 줄 알고." 이렇게 소리치는 저만 답답할 뿐 아이는 이 말을 귓등으로도 듣지 않았습니다.

　말수가 없는 아이와의 소통은 너무 어렵습니다. 묘책으로 아이가 좋아하는 취미를 함께해 보고, 빠져 있는 음악을 함께 들어 주고, 등·하교 길을 함께하며 시간을 늘려 보았지만 헛수고였습니다. 말수가 없는 아이에게서 말을 끌어낼 재주가 저에게는 없었습니다. 잔소리하거나 혼을 내도 아이는 입을 꾹 다물고 있으니 말하는 입만 아팠습니다. 결국 찾아낸 소통 방법은 중2 때부터 담배를 피운 아이라, 우리나라 문화를 뛰어넘어 담배를 같이 피운 것입니다. "아들 담배 있니?" "응" "하나 꺼내서 피워!" 이렇게 시작되었습니다. 물론 우리나라에서는 사회문화적으로 받아들이기 어려운 일이고, 독자에 따라 껄끄럽게 느껴질 수도 있을 것입니다. 하지만 저로서는 아이와 소통해야 한다는 마음이 그만큼 절실했습니다.

　처음에 아이는 놀라서 어쩔 줄 몰라 했습니다. 그런데 차츰 아빠의 노력이 가상하다는 생각이 들었을까요? 아빠가 자신과 대화하고 싶어 한다는 진정성을 느끼게 된 것인지, 자신의 상황을 미주알고주알 말하기 시작했습니다. 아이의 심리나 상태를 직접 들으며 눈높이를 맞추자 비로소 아이의 생각을 알 수 있었습니다. 아이로서는 아빠의 일방적인 조언, 훈육에 그쳤던 잔소리가 어느 순간 친구가 전해 주는 위로로, 한편이 되어 응원해 주는 지지처럼 느껴졌던 것이지요. 아이가 이렇게 받아 주니 격려하기가 더 쉬워졌습니다. 아이는 먼 훗날 이런 아빠를 어떻게 기억할까요? 아이도 성장하면 자녀와 소통의 문제를 깊이 고민하는 시점이 올 것입니다. 그때 "나 때는 말이야" 하면서 이 추억을 꺼내 보지 않을까요?

아무리 시대가 변해도 부모가 자녀에게 주는 사랑은 결코 변하지 않습니다. 사랑에 있어 순도 100%라고 자부합니다. 어느 부모든 마찬가지입니다. 그렇게 보이지 않는 것은 삶의 상황과 조건, 관점과 사랑을 주는 방법의 차이가 있기 때문입니다.

자녀와의 소통에 있어 부모라고 자신만의 방법을 끝까지 고집할 필요는 없습니다. 가부장적인 사랑은 이제 통하지 않습니다. 부모의 권위를 내세울 시대는 더더욱 아닙니다. 아이의 마음을 읽고 하나가 되려고 할 때 소통의 길이 열린다는 사실을 명심하세요. 하나의 방법만 있는 것도 아니니, 아이와 맞는 소통 방법을 여러모로 궁리해 보길 바랍니다. 소통에서 가장 무서운 말은 바로 이것입니다.

"넌 왜 그러니?"

선입견과 편견은 자녀가 마음의 문을 닫게 만듭니다.

아이를 도전하게 만드는 부모의 치트 키

"중요한 것은 정답을 아는 아이가 아니라, 문제를 정의할 줄 아는 아이다."

• 마크 저커버그^{Mark Zuckerberg}, 메타 CEO

아이를 도전하게 만들기 위해서는 부모의 치트 키가 필요합니다. 여기서는 세 가지 치트 키를 소개하려 합니다. '문제 습관 뒤집어 보기' '쿨하게 한 발짝 떨어지기' '뜬구름 잡는 소리는 이제 그만!'입니다.

치트 키 ①
문제 습관 뒤집어 보기

아이가 공부하기를 원한다면, '문제 습관'부터 뒤집어 보세요.

이 문제를 가장 고민했던 부모는 '습관'이란 단어 앞에서 가장 먼저 떠오르는 사물이 하나 있을 것입니다. 바로 스마트폰이지요. 손에 들고 다니는 간편하고 편리한 이 도구가 부모에게는 가장 큰 난제입니다. "아이가 손에서 놓지 않는다" "게임 삼매경에 빠져 산다" "없애자니 친구들 사이에서 소외될까 봐 그러지도 못한다" 등 뻔한 이유로 어느 집에서나 스마트폰은 골칫거리입니다. 솔직히 부모도 손에서 놓지 못하고 있으니, 아이에게만 잔소리할 수도 없는 노릇입니다.

특히 유튜브나 인스타그램에서 흔히 보는 쇼트 폼은 시간을 잡아먹는 하마입니다. 요즘은 노트북이나 데스크톱, 태블릿 PC 등으로 동영상 강의를 플레이해 두고, 다른 기기로 쇼트 폼을 재생하는 꼼수를 부리기도 합니다. 부모가 매의 눈으로 감시해도 통제가 어려운 부분입니다. 갈수록 스마트폰의 성능이 좋아지고 이용할 수 있는 앱도 훨씬 다양해질 테니 걱정이 앞섭니다.

어릴 때부터 스마트 기기 사용의 절제를 가르치면 좋겠지만 학교 교육 자체도 영상 교재를 활용하고 알림장이나 숙제도 기기를 이용하게 되어 있으니 어쩔 수가 없습니다. 학부모는 되도록 손에서 스마트폰을 놓도록 하고 싶지만, 이러한 상황 속에서 문제의 골은 갈수록 깊어지지요. 스마트폰 보급 초기에는 가정마다 아이를 통제하느라 그 아까운 전자기기를 몇 대씩 부순 것도 사실입니다. 이제 이런 방법은 통하지도 않을뿐더러, 그럴 수도 없는 실정입니다. 돈이 아까워서가 아니라 어른이든 아이든 스마트폰이 없으면 생활 자체가 힘들기 때문입니다.

<u>무조건 스마트폰 사용 금지만이 해법은 아닙니다.</u> 유연하고 적절한 대처가 답 아닐까요? 아이가 어리면 부모가 제한 시간을 강압적으로 통제할 수 있습니다. 어릴수록 반발력도 약하거든요. 하지만 아이가 초등학교 고학년이 되면 규칙이 필요하고, 자율적으로 그 규칙을 정하도록 유도하면 좋습니다. 학교에서도 대체로 등교 후에는 스마트폰을 수거하므로, 무제한 사용이 어렵다는 것을 스스로 인식하고 있습니다. 스마트폰을 하다 보면 해야 할 일을 못 하게 되고, 점점 하기도 싫어지는 것을 아이도 이미 알고 있습니다.

그러므로 이 시점에서 아이와 부모는 효과적인 스마트폰 사용법에 대해 진지하게 대화해야 합니다. 몇 시 이후에는 사용하지 않겠다는 약속, 게임 앱이나 SNS 사용 문제를 터놓고 얘기해야 합니다. 이런 제한이 아이의 스마트폰 사용 습관으로 이어집니다.

물론 "그래 봤자, 다 소용없다" "잠시 스마트폰을 보지 않을 뿐, 금세 제자리로 돌아온다" 등 스마트폰 사용 자제 자체가 효용성 없는 방법이라고 말하는 이도 있습니다. 하지만 말하지 않으면, 아이는 전혀 문제를 의식하지 않습니다. 게다가 무분별한 사용이 습관으로 자리 잡으면 고치기는 더욱 어렵습니다. 본격적으로 공부할 때 제한하려고 하면 이미 늦고 말죠. 아이의 반항도 심하고 금단현상이 나타납니다. 공부를 한다고 해도 집중하지 못하고 귀에서 익숙한 기계음이 들리는 것만 같습니다.

"지금은 그럴 때야. 실컷 해야 싫증을 내고 안 하지"라고 말하는 허용적인 부모도 있지만, 나중에 땅을 치며 후회합니다. 아이 보호 관리 앱만 믿는 부모도 있으나, 청소년기가 지나면 효과를 거두기 어렵습니다. 그러므로 스마트폰은 아이 손에 쥐여 주는 순간부터 적절한 통제와 간섭이 필요합니다.

스마트 기기 사용에 있어 부모 또한 아이와 함께해야 합니다. 요즘은 TV 대신 스마트폰을 보는 부모도 많습니다. 부모는 사용하면서 아이에게만 절제를 요구한다는 것은 어불성설입니다. 아이와 대화할 때, 아이와 함께 있을 때, 아이와 외출할 때는 부모도 스마트폰 사용을 자제해야 합니다.

'쿨'하게 한 발짝 떨어지기

●

공부할 때 스트레스 관리는 필수입니다. 중학교, 고등학교로 올라가면 과목도 많을뿐더러 과목당 학습량도 어마어마합니다. 과목별로 나온 자습서나 문제집의 수만 봐도 아이들이 받는 스트레스가 어느 정도인지 알 수 있습니다. 이를 자신이 직접 해내야 하는, 그리고 결과에 따라 자기 인생이 달라진다는 걸 아는 아이가 느끼는 부담은 짐작조차 하기 어렵습니다. 아직 스무 살도 안 된 아이가 이런 중압감을 안고 학교생활을 할 수밖에 없다는 것이 매우 안타깝기도 합니다. 부모가 그 짐을 덜어 줄 수 있는 문제도 아니라 안타까움은 가중됩니다. 그렇다면 부모는 팔짱 끼고 보기만 해야 할까요? 격려하고 응원하는 것만이 최선일까요? 부모가 할 수 있는 일, 해 줄 수 있는 일은 무엇일까요?

먼저 나름대로 머리 싸매고 공부하는 아이의 불안과 긴장을 덜어 줘야 합니다. 불안이 커질수록 부모는 염려하고 걱정하는 마음에 시험에 관한 이야기, 진로의 방향을 무심코 꺼내고 맙니다. '아이가 정보를 모르니까' '아이의 경각심을 일깨우기 위해서' '현실을 알아야 하므로' '혹시 나태해질까 봐' 등 어쩔 수 없이 툭툭 튀어나오는 것이죠. 물론 그 마음은 충분히 이해가 갑니다. 저도 그랬으니까요. 아마도 이 걱정에서 자유로운 부모는 없을 거라고 봅니다.

고등학교 때는 물론이고 재수 당시, 대학 입학 후 의대 편입을 준비할 때 아이의 불안감이 극에 달했습니다. 수능만 끝나면 집안의 모든 긴장이 떨어져 나갈 거라고 믿었는데, 다시 수험생 생활이 1년 더 반복된다는 것은 아이뿐 아니라 부모인 제게도 엄청난 스트레스였습니다. 가능한 한 공부에 관해 묻지 않으려고 했지만, 밥을 먹을 때 꼭 이야기가 나왔습니다.

"공부는 잘돼?"

부모는 무심코 하는 말이지만, 아이는 가볍게 듣지 않습니다. 한숨이 이어지고 숟가락을 놓고 일어섭니다. 그 꼴이 또 용납이 안 돼 언성이 높아집니다. 어떤 날은 괜히 말을 꺼냈다고 자책하기도 합니다. 그러면서도 아이가 거실에서 스마트폰을 보고 있으면 깊은 한숨이 나옵니다. 이를 아이가 모를 리 없습니다. 벌떡 일어나 쾅쾅거리며 자기 방으로 갑니다. 비단 우리 집만의 일이 아닐 것입니다. 어느 날 저의 이 고민에 선배가 명쾌한 해법을 제시했습니다.

"눈을 돌려!"

눈에 보이면 잔소리하게 되니 안 본 것으로 하라는 것이었습니다. 엉뚱한 이 말에 저는 웃음을 터트릴 수밖에 없었습니다. 그런데

이는 수험생을 둔 학부모가 갖춰야 할 묘책이었습니다. 일단 머릿속에서 아이가 수험생이라는 생각을 지우려고 애썼습니다. 그러기 위해 가장 먼저 문제가 된 대화의 소재를 찾아야 했습니다. 밥 먹을 때, 아이의 얼굴을 마주하고 꺼낼 새로운 이야깃거리를 찾아 헤맸습니다. 공부에서 멀리 떨어진 소재면 더욱 좋았습니다. 아이가 흥미를 느끼거나 관심이 있는 것이면 금상첨화였지요.

처음에는 음식 관련 이야기부터 시작했습니다. 출퇴근할 때 들은 음악 이야기도 화제로 적절했습니다. 대화의 소재를 찾아야 하니 요즘 아이들이 관심 있다는 주제를 검색해 보기도 했습니다. 결과적으로 밥 먹는 자리가 편해졌습니다.

어느 날은 아이가 먼저 모의고사 날짜를 말하더군요. 순간 어떻게 그 말에 대응해야 할지 몰라 당황했습니다. 침착하게 밥을 천천히 먹으면서 생각했습니다. 그리고 이렇게 물었지요.

"아빠가 무엇을 도와줄까?"

지금 생각해도 스스로 잘했다는 생각이 듭니다. 아이는 어깨만 으쓱하고 말았습니다. 이미 저는 답을 알고 있었습니다. 내 입을 닫을 것, 먼저 묻지 않을 것.

불안한 아이 마음에 자꾸 성적이나 대학 이야기를 꺼내면 불쏘시개 역할만 할 뿐, 불안의 화력은 더욱 거세집니다. 그러니 불난 집에 부채질하는 꼴이지요. 이미 아이는 공부해야 한다는 사실을 강력하게 인지하고 있습니다. 자기 정신력을 가다듬고 이미지 트레이닝하고 있을 것입니다. '시험 잘 봐야 하는데 어떡하지?' 고민하고, 자기만의 루틴을 만들어 실행하고 있을지 모릅니다. 어떤 과목을 먼저 하고 부족한 과목을 어떻게 보충할지도 학원 담임 선생님과 상담했을지 모릅니다. 공부법 책이나 영상을 찾아보고 자신만의 방법을 구축해 나가고 있을 것입니다. 그런 아이를 불안하다는 이유로 채근해서는 안 되겠지요. 아이들은 부모가 응원하며 불어넣어 주는 "너는 잘될 거야" "너 자신을 믿어"라는 말도 엄청나게 부담이라고 고백합니다. 정도의 차이가 있겠지만, 공부하는 아이는 대부분 자기 주도 학습을 실천하고 있습니다.

<u>아이에게서 한 발 떨어지세요.</u> "공부나 대학이 인생의 전부는 아니야"라고 말하면서, 뒤돌아서서 성적 운운하는 부모가 되지 마세요. 아이 몫의 삶을 살도록, 단단하게 자기를 세우고 키워 갈 힘을 스스로 발휘하도록 부모의 불안을 없애 보세요. 생각해 보면 부모인 '나'는 완벽한 사람인가요? 잔소리는 '나'처럼 되기를 바라는 마음에서 나옵니다. '나'보다 훨씬 잘되라고 하는 말이지만, 그저 부모의 위치에서 해 줄 수 있는 최선의 말일 뿐입니다. 그러니 자신의 위치를 훨씬 뛰어넘는 값진 훈육이 나올 리 만무하지요.

치트 키 ③
뜬구름 잡는 소리는 그만!

아이가 공부하려고 할 때, 어렵고 힘들더라도 아이들이 스스로 목표를 정하고 결심하는 것이 중요합니다. 스스로 결정한 아이들은 공부하는 과정에 발생하는 많은 어려움을 극복하는 힘을 가질 수 있으니까요. 공부하기 싫은데 강제로 하라고 해서는 힘든 과정을 넘기가 쉽지 않습니다. 별로 중요하지 않을 수 있다고 생각하겠지만, 몇 년이 소요되는 과정에 당연히 고비는 오기 마련입니다. 그런 고비가 올 때마다 계속 공부하라고 강요하기는 현실적으로 쉽지 않지요. 어려운 순간을 극복하기 위해서는 반드시 본인이 스스로 결정하고 선언해야 합니다.

아들의 의대 편입을 권유하기까지 준비하는 기간이 꽤 소요되었습니다. 삼수해서 의대 가는 것을 권하기도 했고, 심지어 외국의 의대에 입학하는 방법도 차선책으로 검토했습니다. 대학 2학년 마치고 의대에 편입할 수 있는 일반 편입 절차도 확인했습니다. 의전과 학사 편입까지 의대를 목표로 검토할 수 있는 것은 다 해 본 셈입니다.

2026 인서울 대학 편입 모집 인원은 8,921명(일반 편입 7,234명,

학사 편입 1,687명)으로, 전년 대비 712명(8.7%)이 증가해 역대급 규모를 기록했습니다. 편입은 이미 정시의 3분의 1에서 2분의 1 규모로 선발되는 '메인 입시 루트'로 자리 잡았습니다.

의대라고 예외는 아닙니다. 의대 입학 정원 확대가 구체화되면서 반수, 재수를 택하는 학생이 늘었고, 편입생 수도 급증하고 있습니다. 물론 아들이 의대 편입에 도전했던 2020년 입시에서는 의대 입학 정원 확대가 논의되지 않았습니다. 하지만 의대 편입 정원이 있었고, 아들은 이를 자기 것으로 만들겠다는 의지를 다지고 2학년을 마친 뒤 의대 편입 시험에 응시했습니다. 저는 다른 아이들이 얼마나 열심히 공부하는지 보여 주기 위해 아들을 데리고 멀리 대구로, 익산으로 시험을 치러 다녔습니다. 그런데 3명의 편입생을 모집하는 시험에서 예비 150번이 된 결과를 보면서도 아들은 열심히 하지 않았습니다. 오히려 자신감을 깎아 먹는 역효과를 낳은 것이지요.

아이가 어떤 도전을 하고자 할 때, 착각할지라도 처음에는 쉽다고 생각하게 해야 스스로 도전하겠다고 결심하게 됩니다. 세계적인 자기계발 구루Guru인 밥 프록터Bob Proctor는 자신의 저서인 『밥 프록터의 위대한 확언』에서 "문제가 생겼을 때 '별것 아니야'라고 말하면, 많은 문제가 사라질 뿐 아니라 불만과 공격성도 사라진다"라고 말했습니다.

　아들이 의대 편입을 도전하게 된 결정적인 계기도 결국에는 "쉽네!"라고 말하면서 시작되었습니다. 의대에 편입학하려면 대학교 성적, 영어시험(토플, 텝스, 토익 중 택1), M·DEET 시험(생물과 화학) 세 가지를를 잘해야 한다고 알려 줬습니다. 아들에게 "토익 잘하지?"라고 물으니 "응, 저번에 955점 받았어!"라고 대답하더군요. 그때 "대학교 성적은 공부하면 되지?"라고 마음 편하게 도전해 볼 것을 권했고, 아들은 선뜻 "당근이지!"라고 답했습니다. "화학과 생물은 어때?"라고 현 상황을 점검해 보자, "화학은 수능 때 공부했고, 생물은 대학교 때 배웠는데, 특별히 어렵지 않았어!"라고 자신 있어 하더군요. 이런 대화를 통해, 아들은 의대 편입이라는 새로운 관문을 향해 한 발 한 발 걸어갔습니다.

활용도 높은
입시 정보 사이트

입시 정보를 찾으려 인터넷 검색을 하다 보면, 실질적인 정보를 제공하는 대입 정보 포털이 어디인지 궁금하지 않을 수 없다. 효율적으로 입시 정보를 얻을 수 있는 믿을 만한 사이트를 소개한다.

① 대입정보포털 '어디가'　　　　　www.adiga.kr

한국대학교육협의회가 운영하고 있으며, 수시·정시 구분 없이 입시에 필요한 정보가 정리돼 있어서, 입시 초보자도 이용하기 쉽다. 대학 교육 여건, 설치 학과 등의 기본 정보와 모집 요강을 살펴볼 수 있으며, 학과별 진로 취업 분야, 취업률, 경쟁률도 알아볼 수 있다. 가장 중요한 것은 전형 정보. 검색을 통해 원하는 대학의 신입생 선발 전형에 대한 정보를 얻을 수 있다. 대입 상담 전화(1600-1615)도 운영한다.

② 서울진로진학정보센터　　　　　www.jinhak.or.kr

수능이 끝나면 가장 궁금한 것 중 하나가 '내 점수로 어느 대학에 진학할 수 있을까?'일 것이다. 서울진로진학정보센터뿐 아니라 전국 시·도 교육청이 진로진학센터 누리집을 운영하고 있다. 온오프라인 전문가 상담, 진학 설명회, 진로 검사 등 다양한 프로그램을 제공하며, 그중에서도 'SEN 진학 나침반'이라는 서비스를 통해 성적별 지원 가능 대학, 합격과 불합격 사례 등을 살펴볼 수 있다.

③ 대학알리미   **www.academyinfo.go.kr**

교육부가 운영하는 사이트로, 각 대학의 공시 정보를 확인할 수 있다. '학생' 카테고리에서 가고 싶은 대학의 학생 수, 교수 수, 장학금 수혜 현황, 신입생 출신 고교 유형별 비율까지 살펴볼 수 있다. 특히 대학별 편입학 선발 결과가 공시되어 있어, 모집 인원과 지원자 수, 경쟁률, 등록 인원 등을 확인할 수 있다. 상대적으로 정보가 적은 중하위권 대학이나 비수도권 대학의 입시 정보를 살펴볼 수 있어 유용하다.

④ 전문대학포털 '프로칼리지'   **www.procollege.kr**

한국전문대학교육협의회에서 운영하는 사이트로, 전문대 입시 정보에 특화되어 있다. 전문대학은 수시 모집에서 횟수에 제한 없이 지원할 수 있다. 또한 대학&전문대학 또는 전문대학&전문대학 등 복수 지원도 가능하다. 전문대학포털 프로칼리지에서는 수시 및 정시 모집 일정, 전년도 입시 결과, 전형 방법, 전공 정보는 물론이고 전문대학별 장학금 현황, 국내 및 해외 취업률까지 살펴볼 수 있다.

공부는 하기 싫지만
의사가 되고 싶다고?

. . . . .

아이들의 장래 희망은 수도 없이 바뀝니다. 대통령이 되고 싶다고 했다가, 과학자가 되겠다고 하더니, 어느 날은 호나우두 같은 축구 선수가 되겠다고 합니다. 그러다 점점 현실의 자신과 타협하게 됩니다. 대학 진학도 마찬가지입니다. 중1 때는 S대에 간다고 했다가, 중3이 되면 인서울 대학, 그리고 고등학교에 진학하면 '대학' 소리만 나와도 입을 닫아 버립니다. 책상에 10분도 못 앉아 있던 저희 아들도 예외가 아니었습니다. 중학교 시절 수학과 영어를 제외한 대부분의 과목 성적은 바닥이었고, 과학은 고등학교 3년 내내 점수가 나오지 않았습니다. 그런 아이가 대학을 가더니, 그제야 의대에 가고 싶다고 하더군요. 그때부터 저는 아이와 한 팀이 되었습니다.

세상에
쉬운 입시는 없다

"지금 가지고 있는 것을 포기하지 못한다고 해서, 결코 당신이 가지고 있는 꿈의 간절함이 부족한 것이라 생각하지 마라. 중요한 것은 '해내는 것'이지, '위험해지는 것'이 아니니까."

• 애덤 그랜트 Adam Grant, 심리학자

입시에서 부모는 감독이 아니라, 아이가 끝까지 자기 페이스를 유지하도록 지켜 주는 동반자여야 합니다. 중간에 넘어지고 포기하고 싶은 순간도 찾아올 것입니다. 그때 부모는 미완성 상태에서도 다시 고쳐 나갈 수 있는 용기를 주어야 합니다.

공부는 하기 싫지만, 의사가 되고 싶은 아들

연세대학교는 신입생 모두가 인천의 기숙사에서 생활합니다. 마침 아들은 의대생과 한방에 배정되었습니다. 수능 모의고사에서 성적이 높게 나왔을 때 의대에 가고 싶다고 생각한 적이 있기에, 의대생을 동경 어린 눈으로 봤겠지요. 현실적으로 의대를 포기했지만, 마음에서는 의대에 미련이 있었으니 당연한 일이었습니다. 저는 아들의 관심을 알아채고 의대 편입학 정보를 알아보았습니다. 또다시 수능을 치르는 것보다 빠를 것 같았고, 솔직히 정시보다는 조금 수월할 것 같았거든요.

그때 저는 아들에게 의대에 편입할 수 있는 길을 알려 주었습니다. 아들은 귀를 쫑긋한 채 듣는 것 같았지만, 편입을 간절히 갈망하지도 않았습니다. 이미 대학에 다니고 있는 데다, 학과가 마음에 들지는 않는다 해도 '의대'를 가기 위해 넘어야 할 산이 너무 높게 느껴졌던 까닭입니다. 하지만 포기하기도 쉽지 않아, 어정쩡한 태도를 보였습니다.

아들의 마음을 꿰뚫어 본 저는, 맹모단기지교에 관한 이야기를 해 주었습니다. 아들은 맹모의 단호함에 충격을 받은 듯했습니다. 그 후 기숙사로 돌아가 두 달이 넘도록 집에 오지 않았습니다. 걱정돼 전화하면 아무 일 없다는 말만 반복했지요. 그리고 드디어 집에

온 주말, 아들은 의대 편입에 도전하겠노라 선언했습니다.

저는 '맹부'가 되기로 결심하고 아들의 대학교 성적과 토익 점수를 수시로 확인했습니다. 2학년 초 토익 성적이 3학년 말까지 딱 10점 올랐지요. 아들은 열심히 공부했다고 항변했지만, 10점 오른 성적이 그 과정을 적나라하게 말해 주고 있었습니다. 더구나 의대에 편입하려면 대학 학점도 높게 나와야 하는데, 늘 바닥이었습니다. 그렇게 시간이 흘러가니 의대에 편입할 가능성은 차츰 더 줄어들었습니다. 이와 더불어 진로 문제, 군대 문제 등 고민은 더 늘어났지요.

의대 편입에 필요한 세 가지 성적 중 영어와 학부 학점이 3학년까지 큰 변동이 없어 목표를 재설정해야 하는지 깊은 고민에 빠졌습니다. 보나 마나 아직 테스트하기 전이지만 M·DEET(의·치학 교육 입문 검사) 성적이 잘 나올 것 같지도 않았습니다. 고민은 꼬리를 물고 이어졌습니다. 방법을 찾아 헤매던 끝에, 결국 화공생명공학과 복수 전공을 차선책으로 택했습니다.

컴퓨터공학과 출신인 저는 시스템 개편 작업을 할 때 항상 중요하게 생각하는 절차가 하나 있습니다. 불가피한 사정으로 개편 작업을 못 하는 상황이 발생할 것에 대비해 신속히 원상 복구할 수 있는 다음 절차를 사전에 마련하는 것이지요. 개편 작업이 계획대로 되지 않을 경우, 심각한 시스템 장애가 나타납니다. 이때 신속한 원상 복구가 시스템 장애 시간을 단축시킵니다. 컴퓨터를 사용할 때 중요 정보를 미리 백업해 놓으면, 고장이 나더라도 신속히 문서나 자료를 복구할 수 있는 것과 비슷합니다. 간혹 개편도 못 하고 되돌아가지도 못하는 어려운 상황에 봉착하기도 하고, 장애를 해결하는 과정에서 난관에 부딪히기도 합니다. 그렇더라도 시스템 장애는 시간이 걸릴 뿐이지 필요하면 언젠가는 해결됩니다.

하지만 자녀의 문제는 시간이 지나면 영원히 해결되지 않을 수도 있습니다. 자녀를 키울 때는 이런 상황을 대비해 늘 차선책을 마련해야 합니다. 저는 아들과 충분한 대화를 거친 뒤, 이런 꽉 막힌 상황에 부딪히지 않도록 의대 편입에 실패했을 경우를 대비해 차선책으로 아들 적성에 맞는 화공생명공학과를 전공할 길을 터놓았습니다. 지금 전공하는 학과를 계속 다녀 졸업한다고 해도 학점이 낮아 취업은 고사하고 이미 흥미를 잃은 전공 분야에서 일한다는 것 자체가 괴로운 일이었으니까 말입니다.

따라서 아들은 의대 편입 학원에 다니면서 학과 공부도 병행했습니다. 하나에 집중하지 못하니 양쪽에서 능률이 안 올라 힘겨워하는 게 보였습니다. 의대 편입에 필요한 모든 성적이 제대로 나오지 않아 성공할 확신을 가질 수 없었습니다. 불가능하지만 도전해 보는 것에 초점을 맞췄습니다. 그렇게라도 위안 삼지 않으면 버틸 수 없을 정도로 아들 성적은 하위권을 맴돌았습니다. 공부할수록 현실의 벽을 느꼈다고 하는 게 맞겠지요. 그렇지만 '맹부'가 되기로 한 이상 겉으로 실망을 드러낼 수는 없었습니다. 아이는 노력하는데 부모가 먼저 포기할 수는 없는 노릇이니까요.

철저한 준비가 필요한 의대 편입학 절차

아이가 어릴 때부터 '우리 아이는 의사로 키워야겠다'라고 생각한 학부모라면 의대 입시에 관한 모든 정보력을 가지고 있겠지만 저처럼 그렇지 않은 경우, 즉 아이가 대학까지 간 뒤에 의대를 꿈꾼다면 그 늦은 출발로 인해 훨씬 더 많은 에너지를 쏟아야 합니다. 한 단계 도약하기 위해서는 사전에 많은 준비가 따라야 하고, 도전하는 과정에서 다양한 어려움도 극복해야 하고, 상황에 따라 차선책도 마련해야 합니다. 물론 수험생이 공부하는 과정이 제일 중요하지만, 사소하게 챙겨야 할 일이 굉장히 많습니다.

의전원이나 학사 편입 시험에 합격했는데, 최종 입학하지 못하는 사례도 있습니다. 입학 조건을 보면 4년제 대학 졸업자 또는 이번 학기 졸업 예정자인데, 졸업 요건을 충족시키지 못해 최종 탈락하는 경우입니다. 이 얼마나 어이없고 땅을 치고 후회할 일인가요? 물론 본인이 확인하겠지만 졸업과 동시에 학사 편입하는 일이 쉽지 않기에, 한두 가지 실수를 범하지 않는 게 오히려 이상할 정도로 챙겨야 할 일이 많습니다.

아들도 실내건축학과가 적성에 맞지 않아 학사 편입을 준비했지만, 의대 편입에 실패한다면 낭패였습니다. 그래서 다음 수를 생각해 화공생명공학과 복수 전공으로 차선책을 마련한 것입니다. 복수 전공도 의대 편입 못지않게 준비할 것들이 많았습니다. 의대에 학사 편입하려면 반드시 졸업이 선행되어야 하지만, 복수 전공을 하면 학점 부족으로 그해 졸업할 수 없게 됩니다. 그때는 과감히 복수 전공을 포기해야 합니다. 그러므로 저희 아들의 경험을 바탕으로 의·치전원, 의·치대 편입을 위해 몇 가지 주의할 점을 안내해 드리려 합니다.

첫 번째, 대학 재학생이 편입 시험을 준비하려면 늦어도 3학년 2학기부터 M·DEET 시험에 대비해야 합니다. 이를 위해 대학의 수강 신청 단계부터 수업 시간을 계산하고 편입 공부 시간을 확보해야 합니다. 학교 수업이 많으면 편입 공부를 할 수 없으므로 3학년 1학기까지 최대한 수업을 많이 들어 수업 부담을 줄여야 합니다. 아들이 다닌 학교는 학점이 높게 나와야 다음 학기에 수업을 많이

들을 수 있는 학칙이 있었는데, 학점이 높지 않아 4학년 1학기 수업을 최소로 신청하는 전략으로 편입 시험에 집중할 수 있었습니다. 대신 4학년 2학기에 부족한 학점을 채우느라 면접 준비에 어려움이 있었습니다.

두 번째, <u>공인 성적으로 대체할 시험은 늦어도 3학년 1학기까지 마무리해야 합니다.</u> 특정 의대에 필요한 공인 국어 성적은 5등급이었습니다. 아들은 이를 이미 취득했기에 큰 걱정이 없었습니다. 그런데 영어 성적이 문제였습니다. 4학년 1학기 수업이 시작되는 시점까지 필요한 수준의 공인 영어 점수를 받지 못했습니다. 영어 공부를 다시 하기에는 시간이 촉박해서, 기본 실력으로 시험을 다시 치를 수밖에 없었습니다. 다행히 마지막 시험에서 목표하는 점수를 받았습니다. 운 좋게 커트라인에 맞는 성적을 받았으나, 일정 관리 소홀로 자칫 편입 자체가 무산될 뻔한 것입니다. 그러므로 아이 진로에 있어 영어는 필수로 잡고 가야 한다는 큰 깨달음을 얻었습니다.

세 번째, <u>M·DEET 모의고사를 주관하는 기관에서 꾸준히 테스트 받아 봐야 합니다.</u> 편입을 준비하는 초반에 테스트하면 자신이 얼마나 더 공부해야 하는지 짐작할 수 있습니다. 부족하다고 판단하면 계획을 변경할 수 있으므로 반드시 입시를 준비하는 초반, 중반에 테스트하고 대책을 강구하는 것이 좋습니다. 저 역시 아들에게 지난 시험지로 테스트해 보길 권했습니다. 그때까지 테스트하는 기관이 있다는 사실도 모르고 있었으니 그 길밖에 없다고 생각했습니다. 저의 정보력 부족 탓이지요.

<u>네 번째, 부모는 아이의 공부 과정에 참여해 일정을 체크하고, 부족한 공부를 보충할 대책을 강구해야 합니다.</u> 시험에 합격할 가능성을 확인하고 상황에 따라 대안도 마련해야 합니다. 감독이 필요하면 특별 훈련을 계획하듯 특별한 공부법도 알아보고 도와야 합니다. 아이가 스스로 하면 좋겠지만, 그때그때 필요한 부분이 달라서 부모의 도움이 필요합니다. 시험 일정 막바지 즈음 아들에게 집중하라고 조언했던 내용은 "마지막 일주일 공부는 초반 한 달보다 효과 있다"입니다. 마지막 순간까지 집중력을 잃지 않도록 하자는 게 목표였거든요.

실패에 대비한 '플랜 B'

아들의 대학교 성적이 낮아 차선책인 복수 전공 자격 취득은 현실적으로 어려웠습니다. 27명 중 27등과 26등을 오갈 정도로 낮은 성적의 타 학과 학생이 당시 최고 인기 학과에 어떻게 복수 전공 승인을 받을 것인가. 게다가 아들은 복수 전공 신청 시기마저 놓쳐 버렸습니다. 이제 기회는 3학년 2학기 말 마지막 한 번뿐이었습니다.

그런데 다행히 아들은 화공생명공학과 복수 전공을 주관하는 교수님의 수업을 여러 번 들었다고 하더군요. 아들은 교수님께 면담을 신청했고 여러 질문과 답을 준비했습니다. 시대를 불문하고 대학교 교수님들은 열정을 가진 학생을 좋아하기 마련입니다. 그러니 답은 정해져 있었습니다.

"교수님, 화공생명공학과를 복수 전공을 하고 싶은데 어떻게 하면 됩니까?"

아들은 교수님을 찾아가 단도직입적으로 물었습니다. 나중에 들은 이야기지만 그 뒤로도 두 차례 더 교수님을 찾아갔다고 하더군요. 아들이 실내건축학과보다 화공생명공학과를 더 좋아했고 당시 복수 전공을 절실히 원했던 것입니다.

고대 때부터 변하지 않는 진리가 하나 있습니다. 바로 '하늘은 스스로 돕는 자를 돕는다'라는 사실입니다. 대학에서 복수 전공이든 전과든 쉬운 일이 아닙니다. 그것도 인기 학과라면 쉽게 자격을 취득할 수 없지요. 소수 정원에 많은 학생이 몰리니 경쟁률은 당연히 높을 수밖에요. 쉽게 허락하지도 않고, 배우고 싶다고 문을 활짝 열어 주지도 않습니다.

교수는 복수 전공하려는 학생들을 일일이 면접했습니다. 면접의 관문도 높았습니다. 이때 뻔한 대답이나 이 학과를 이용해 다른 전략을 구사하고 있다는 것을 절대 노출하면 안 됩니다. 그저 이 학과에 관심이 많고 자신의 열정이 높다는 것을 드러내야 합니다. 다니고 있는 대학에서의 복수 전공이라고 쉬운 게 아닙니다. 학과와 학과 사이에는 높고 두꺼운 벽이 있습니다. 이 사실을 알고 철저히 준비해야 합니다.

저는 아들에게 복수 전공 학생이라 이제 시작하는 화공생명공학과 공부가 부족할 테니 "대학 졸업 후 대학원에서 더 많이 배울 생각"이라고 답하라고 알려 주었습니다. 면접을 마치고 돌아온 아들이 "역시 아빠가 최고야!"라고 하더군요. 교수가 대학원 진학 여부를 물었다는 것입니다. 더 희망적인 것은 면접장에 들어서니 양쪽에 앉은 평가위원들이 "이 학생은 실내건축학과 학생임에도 화공생명공학과 수업을 많이 듣고 열정이 대단하다"라고 거들었다는 것입니다. 계획된 수강이 아니고 아들이 좋아해서 들은 수업이었지만, 결과적으로 득이 되었습니다.

합격에 가까워지는
의대 편입 챌린지

"성공의 대부분은 평범한 날을 포기하지 않은 시간의 합이다."

• 제프 베이조스Jeff Bezos, 아마존 의장

도전 목표를 정했다면 실행해야 합니다. 요즘은 이를 '챌린지'라는 명칭이 붙은 실천 과제를 통해 구체화하더군요. 지금 돌아보면, 아이와 함께 저도 챌린지에 돌입했다고 할 수 있습니다. 아이에게 도전 과제를 주고 '그만둘 이유가 생겨도 계속하자'라는 마음가짐을 증명해 나갔으니까요.

아들이 의대 편입을 준비하던 대학 3학년 때, 주말마다 음식을 챙겨 학교 앞 아들 집으로 갔습니다. 처음 한 달가량은 오전 11시쯤 방문하면 자고 있었지만, 그 후에 한 달은 일어나 있었습니다. 그렇게 2개월 정도 지나니, 아들은 제가 도착하기 훨씬 전에 학교에 가서 집에 없었습니다. 도서관에서 공부하다가 점심시간에 맞춰 집에 오는 것이 루틴이 되었지요.

아들의 집에 가면 항상 함께 점심을 먹고, 아들과 집 앞 편의점에 갑니다. 편의점에 들어서면 사장님이 담배 두 갑을 꺼내 놓습니다. 말하지 않아도 제 담배와 아들 담배입니다. 커피를 내린 뒤 편의점 테이블에 앉아 지난 일주일간 공부한 내용을 듣습니다. 그렇게 가을부터 다음 해 여름까지 매 주말 오전은 신촌에서 보냈습니다.

잔소리하지 않고 아들 스스로 변화하길 기다려 준 게 유효했을까요? 부모가 방향성을 유지한다면, 겨울이 지나고 봄이 오면 들판에 꽃들이 피어나듯 아이는 잠시 옆길로 가더라도 돌아오기 마련입니다. 기다리면 꿀벌과 나비도 날아들 것입니다. 그 후에는 열매가 열리고 수확할 시기를 맞이하는 것이죠.

아이들이 길을 잘못 들어섰더라도 부모는 포기하지 말고 도전해

<u>야 합니다.</u> 돌아간 곳에서 꽃길을 만날 수도 있고, 생각지도 못한 세상을 볼 수도 있습니다. 출발이 늦었다고 생각되면 더 이상 고민하지 말고 달리면 됩니다. 꾸준히 달려가면 더 멀리 갈 수 있습니다. 아들이 고등학교 때 자퇴를 결심하지 않았다면, 분명 스스로 만족하지 못하는 힘겨운 삶을 살고 있었을 것입니다. 돌아갔기 때문에 꽃길을 만난 것입니다. 저 또한 아들과 의대 입시를 두고 대화하는 날이 오리라고는 꿈도 꾸지 못했습니다. 어려운 도전을 하는 자체만으로도 많은 것을 얻은 것이지요.

"만일 당신이 매일을 삶의 마지막 날인 것처럼 산다면, 언젠가는 올바른 길에 서 있는 자신을 발견하게 될 것이다."

이 글을 접한 스티브 잡스는 자신에게 물었다고 합니다.

"오늘이 내 인생의 마지막 날이라면 나는 어떻게 살 것인가?"

매일 마지막 날인 것처럼 치열하게 살았던 스티브 잡스는 애플을 창업하여 세계적인 기업으로 키워 냈습니다. 아이의 변화는 어디서 어떻게 시작될지 모릅니다. 분명한 것은 부모의 신뢰를 바탕으로 변화가 태동한다는 것이지요.

공인 영어시험과 M·DEET 시험 준비

아들은 대학교 2학년 2학기 때 토익 시험에서 955점을 받았습니다. 토익 점수가 낮았다면 쉽게 의대 편입을 준비하지 못했을 것입니다. 의전과 편입 입시 요강에서 확인한 만점 기준은 대략 980점이었습니다. 입시가 2년 남았으니, 980점은 쉽다고 생각했지요.

하지만 방학 때마다 영어 공부에 매진하고도, 3학년 겨울방학까지 성적이 딱 10점 올랐습니다. 공부를 열심히 하는 것 같았는데 점수는 등락이 없었습니다. RC와 LC를 번갈아 가면서 만점 받았지만, 동시 만점이 나오지 않았습니다. 정확한 이유를 간파할 수 없지만 아무래도 건성으로 공부하는 건 아닌지 의심스러웠습니다.

급기야 M·DEET 시험 준비 막바지까지 영어 성적은 오르지 않았습니다. 아들도 조급했는지 4학년 1학기가 시작되는 시점에 영어 공부를 다시 해 보겠다고 하더군요. 그때 저는 영어 공부 대신, 학교 전공 수업을 최소로 신청하고 본격적인 편입 공부를 시작하도록 제안했습니다. 영어는 RC와 LC가 번갈아 가면서 만점이 나오고 있었기에 반복해서 시험에 계속 응시했습니다. 영어에 할애할 만큼 시간이 충분하지 않았거든요. 다행히 원서 접수 전 마지막 시험에서 목표 점수 980점을 받았습니다. 이때는 아들이 천운을 타고 났다고 믿을 수밖에 없었지요.

여름방학인 8월에 M·DEET 시험이 있습니다. 아들은 5월에 사설 모의고사를 봤고, 성적은 상위 50%로 나왔습니다. 시험이 불과 석 달 남았는데 예상 M·DEET 수험생 기준 성적이 50% 수준이면 합격 가능성 밖이었습니다. 그토록 1년 전부터 모의고사를 보라고 말했는데, 3개월 남은 시점에야 말을 듣다니, 이제는 대책도 통하지 않을 듯했습니다.

언제나 느긋했던 아들도 그때는 발등에 불이 떨어졌다는 걸 직감했습니다. 아들은 처음 본 모의고사라 적응이 안 되어 있었고, 유독 자신 있는 과목의 문제가 어렵게 출제되었다는 핑계를 대면서 다음에는 더 잘 볼 수 있다고 단언했습니다. 앞으로 남은 석 달 동안 전체 수험생 기준 상위 10% 수준까지 끌어올리겠다는 것이었죠. 그건 하늘의 별 따기나 다름없었습니다.

아들은 자신의 정보망을 최대한 활용했습니다. 주변을 수소문해 성적이 낮게 나온 생물은 특정 강사의 인터넷 강의를 들으며, 한 달 동안 열심히 공부했습니다. 물론 대학 2학년 때부터 학교와 학원에 다니면서 기초의학을 공부했기에 기본이 탄탄하다고 자부했고, 핵심 정리도 꼼꼼하게 하는 모습을 보였습니다. 그리고 한 달 뒤, 6월 모의고사에서 상위 10% 수준으로 성적이 급격히 올라갔습니다. 남은 두 달 열심히 하면 '합격할 수도 있겠구나!'라는 믿음이 처음으로 생겼습니다.

자소서도 면접도 철저히 준비하기

아들은 애매한 M·DEET 성적을 만회할 생각으로 자소서에 집중했습니다. 2020년도 편입학 때만 해도 학사 편입과 의·치전원 원서는 수시 3개, 정시 3개를 쓸 수 있었습니다(현재는 의대 편입은 횟수 제한이 없으나, 의·치전원은 대학별 편입학 모집 요강을 확인하길 바랍니다). 그해, 아들이 지원한 의대 경쟁률은 의·치전원과 학사 편입 역사상 경쟁률이 가장 낮았습니다. 사설 모의 지원 사이트에서 토플과 텝스 성적으로 영어를 평가하는 의대의 경쟁률이 상대적으로 낮다는 걸 확인했지요. 응시생들이 대부분 3개 대학에 지원하는 관계로 예비 합격자는 1배수 이상입니다. 아들도 치대 포함 3개의 원서를 썼으나, 오전 오후로 나눠 면접을 볼 수 있는 학교의 치대는 서류 전형에서 탈락하고 의대 한 곳과 의전원 한 곳만 서류 전형을 통과했습니다. 이제 면접만 남았습니다.

하지만 아들의 경우 모의 지원 사이트에서 지원해 보니 합격 가능성이 큰 학교는 하나도 없었습니다. 매일 모의 지원 사이트와 편입 관련 블로그 및 정보방에 들어가 다른 수험생들의 동태를 살피던 중에 면접을 잘 보거나, 자소서를 잘 써 면접 점수를 높일 수 있다는 정보를 확인했습니다. 지푸라기라도 잡는 심정으로, '자소서를 완벽하게 준비하면 합격하지 않을까' 하는 기대감을 품게 되었지요.

면접 점수를 잘 받으려는 욕심에 자소서를 쓸 때 무리하는 경우가 있습니다. 아들도 의전원 입시는 자소서의 '입학 후 수학 계획' 항목과 '대학 활동' 항목에서 의학 분야를 너무 깊게 파고들어 오류를 범했습니다. 자소서에서 잘못 표현한 부분은 "예과 3학년 때 의학전문대학원 1학년 과정에서 배우는(중략)"과 "위암과 대장암으로 절제 수술했을 때 시간이 지나면 위장과 대장이 정상적으로 자라나서(중략)"였습니다. '예과 3학년'이 아니라 '예과 2학년'이라고 써야 했고 '자라나서'를 쓰지 않아야 했습니다.

이는 당시 의학 전문 지식이 없었던 탓도 있지만, 마지막 순간까지 긴장을 풀지 말아야 했는데 그러지 못했던 탓이지요. 그 결과 아들은 면접에서 자소서의 이 두 가지 오류로 교수님께 심한 질책을 들었습니다. 전화로 이를 전하는 아들의 목소리가 떨렸습니다. 면접 시험을 잘 보면 합격할 수 있다고 믿었던 의전원에 떨어질 상황이 된 것이지요.

이제 남은 건 자소서가 필요 없는 의대 면접이었습니다. 그동안 수험생 대부분이 한두 개 그룹에서 면접을 준비하는데, 아들은 네 개 그룹에서 면접을 준비했습니다. 준비를 단단히 했으니 부디 이 대학에서는 합격하기를 바랐지요.

하지만 아들이 전해 준 면접 당시 상황을 듣고 긴장의 끈을 늦출수 없었습니다. 면접에서 교수가 "채혈이 안 되어 환자에게 피가 계속 흐르고 있으면 어떻게 할 것인가요?"라는 질문을 했다고 합니다. 아들의 대답은 "채혈을 잘하는 선배님께 급히 연락해 도움을 청하겠다"였습니다. 그랬더니 면접 교수가 "본인이 의사인데 왜 다른 선생님을 부르느냐"라고 화를 냈다는 것입니다. 아들은 이러한 상황도 모두 예상했던 터라 당황하지 않았습니다. 차분하게 자신이 기흉으로 입원했을 때, 같은 상황을 경험했고 다른 선생님께서 채혈해 줘서 고마웠다고 최초 의견을 굽히지 않았다고 합니다. 정답이 무엇인지는 모르겠지만, 의사로서 환자를 최우선으로 대할 줄 아는 자질과 침착성을 확인한 듯했습니다.

수험생 대부분은 의학 관련 지식이 부족한 상태에서 면접을 볼 수밖에 없으니, 전문적인 의료 현장의 질문은 몹시 당황스러울 것입니다. 그런데 전화위복이라고 했던가요. 아들은 병원에 입원한 경험이 있어 매우 적절하게 답을 한 것입니다. 자소서가 없는 의대의 모의 지원에서는 예비 번호를 1.5배수 정도로 예상했는데, 합격자 발표에서 예비 번호를 모집 인원의 1배수로 받았습니다. 과거 자료를 비교해 보니 1배수를 받은 학교에 합격할 가능성은 50% 이내였습니다.

끝없는 리스크,
그러나 역전은 있다

"나는 내 커리어에서 9,000번 이상 슛을 놓쳤고, 300번 이상의 경기에서 졌으며, 승부를 가르는 마지막 슛을 맡았다가 26번이나 실패했다. 나는 계속해서 실패했고, 그래서 결국 성공할 수 있었다."

• 마이클 조던Michael Jordan, 전 농구 선수

요즘 아이들은 공부한 만큼 성적이 나오지 않을 때, 선택의 갈림길에서 갈등할 때, 길이 보이지 않을 때 어찌해야 할지 몰라 좌절합니다. 물론 어른도 마찬가지입니다. 저는 아이의 의대 입시 여정을 함께하며 "실패는 두려워해야 할 게 아니다"라고, "선택의 어려움은

늘 우리 인생 여기저기에 놓여 있다"라고 가르치지 못했던 것을 후
회했습니다.

찰스 J. 사이키스는 그의 저서『딱 3년, 공부만 하는 바보가 돼라』
에서 "성공을 만든 9할은 좌절과 실패다"라고 말했습니다. 따라서
성공의 기쁨은 항상 실패의 슬픔 뒤에 오는 법입니다. 제가 다시 아
이를 키운다면, 실패 속에서 단단해지는 법을, 선택의 갈림길에서
의연해지는 법을 가르치고 싶습니다.

복수 전공 포기 vs. 유지, 산 넘어 산

아들은 M·DEET, 학점, 영어 성적 모두 장담 못 하는 애매한 상
황에서 또 하나의 장벽에 부딪혔습니다. 어렵게 취득한 복수 전공
을 포기하고 졸업장을 받아야 할지, 다음 의대 재도전을 위한 차선
책으로 복수 전공 자격을 유지해야 할지를 선택해야 했습니다. 의
대 편입학을 위해 복수 전공을 포기했다가 자칫하면 실내건축학과
졸업장만 남을 수 있었고, 반대로 복수 전공 자격에 연연하다가 의
대에 합격하고도 졸업을 못 해 편입학할 수 없는 상황이 올 수도 있
었기 때문입니다.

의대 합격 가능성을 확실히 알아야 판단을 내릴 수 있는 일이었
어요. 아들이 최상의 성적을 받으면, 마지막 추가 합격자가 발표되

는 1월 말경에 합격 여부를 예측할 수 있었습니다. 그렇게만 된다면, 졸업이라는 관문을 통과하기 위해 10월 중에는 복수 전공을 포기하고 원활한 학사 관리에 힘써야 했습니다.

산 넘어 산이라고, 이 문제는 또 어떻게 풀어야 할지 고민에 고민을 거듭했습니다. 할 수 있는 일은 학사 관리 담당자에게 전화해서 답을 달라고 사정하는 것이었죠. 전화 한 번에 목표를 달성하지 않고, 마른 땅에 물이 스며들 듯 아주 조금씩 목적에 다다르는 방법을 썼습니다.

처음 전화했을 때 담당자는 10월 중순까지 복수 전공을 포기해야 정상 졸업이 가능하다고 답했습니다. 그런데 며칠 뒤 복수 전공 담당 책임자에게 다시 물으니 10월 말이라고 답하더군요. 뭔가 비집고 들어갈 작은 틈이 있겠다는 생각이 들었습니다. 또 며칠 지난 다음 다시 전화해 무작정 사정 좀 들어 달라고 했습니다. 그런데 그때 한참을 듣고 있던 담당자가 이렇게 묻더군요.

"그럼 결정 가능한 시점이 언제쯤인가요?"

한 줄기 희망의 빛이 보이는 것 같았습니다. 의대 편입을 위한 시험 성적이 11월에 나오니, 11월 말이면 복수 전공을 포기할 것인지 말 것인지 판단할 수 있다고 답했습니다. 그러자 담당자가 의외로 "올해 안에는 내서야 합니다"라고 말하는 것이 아니겠어요?

그 전에 합격자 발표가 나올 테니, 잘하면 1월 추가 합격자 발표 추이도 지켜보고 판단할 수 있겠다는 희망이 생겼습니다. 그리고 마침내 이번 학기에 졸업할 예정이라면 구정 전까지 복수 전공 포기 여부를 결정하라는 확답을 받았습니다. 만약 학사 편입에 합격하면 복수 전공을 포기하고, 그렇지 않다면 화공생명공학과를 공부할 수 있는 길이 열린 것입니다.

우리는 흔히 가능성의 문도 두드려 보지 않고, 지레 겁을 먹고 포기합니다. 저 역시 수많은 고비마다 포기하고 포기했지만, 아이의 일만큼은 그럴 수가 없었습니다. 아들은 실내건축학과 공부가 싫어 공부를 안 했고, 편입을 준비한다는 핑계로 군 복무도 미룬 상황이었습니다. 지금으로써는 의대에 합격하는 것보다 좋은 결과는 없었습니다. 하지만 이번에 떨어져도, 화공생명공학과 대학원 진학 후에 다시 도전해 보겠다는 대안이 남아 있었습니다. 그런데 문을 두드리니 열린 것입니다.

길을 찾을 수 없으면, 만들어내라

1월 14일, 아들은 예상보다 빨리 의대 편입 '합격'을 통보받았습니다. 학교 홈페이지에서 합격을 확인한 순간, 저는 정신을 잃을 뻔했습니다. 누가 따귀를 때려도 웃을 수 있는 상태였으니 정상이 아닌 것이 분명했지요. 회사에 휴가를 내고 아들과 동행해 그동안 미뤘던 복수 전공 포기 등 서류 정리를 하고 학교를 졸업할 수 있다는 확답까지 받고서야 비로소 긴장감이 누그러졌습니다.

벼랑 끝에서 살아남은 사람들은 알고 있습니다. 간절히 원하면 하늘이 움직이고 꿈이 이루어진다는 사실을. 뒤늦게 M·DEET 시험 점수를 확인해 보니, 가채점 점수보다 한 문제 더 맞은 것이었습니다. 하늘이 문제지에 표시한 답을 답지로 옮겨 적을 때, 아들을 헛갈리게 한 게 분명했습니다. 아들에게는 아무래도 채점을 잘못한 것 아니냐며 "시험을 주관하는 곳에 연락해 볼까?"라고 물어보니 절대 하지 말라고 하더군요. 시험에서 마지막 문제의 답이 애매해서 갈팡질팡하다가, 결국 문제지에 표시한 답과 다른 답을 답지에 적은 것 같다며 운이 따랐다고 자신을 낮췄습니다.

<u>아들이 낮은 성적임에도 불구하고 합격할 수 있었던 결정적 이유 중 하나는 전략적으로 학교를 선택한 것입니다.</u> 대부분 학교에서 토익 성적으로 영어를 평가했지만, 아들은 텝스도 준비했습니다. 꼼꼼히 분석한 결과, 의대 편입 요강에 토플과 텝스 성적을 요구하는 학교의 지원율이 낮다는 것을 알 수 있었거든요. 지원율이 낮으면 그만큼 경쟁률도 낮은 법이죠.

성공의 핵심 비결은 장애물을 피하지 않고 극복하는 데 있습니다. 성공하는 사람들은 원하는 삶을 스스로 찾고, 찾을 수 없으면 만들어냅니다. 성공한 사람과 그렇지 못한 사람의 차이는 중도에 포기했는지 안 했는지로 갈리지요. 어려운 일을 계획할 때는 치밀하게 준비해야 비집고 들어갈 바늘구멍만 한 작은 틈을 찾아낼 수 있습니다. 이러한 입시 현실을 이런저런 큰 줄기 몇 개만 소개된 자료에 의지해 나도 할 수 있다고 판단한다면 목표는 달성하기 요원한 일이 될 것입니다.

<u>자녀가 공부할 때 부모 중 누군가는 처음부터 끝까지 함께해야 합니다.</u> 자녀가 목표로 하는 학교의 입시 요강을 모두 꿰고 있어야 당락의 경계선에 있더라도 합격할 방법을 찾을 수 있습니다. 저의 경우 애매한 아들 성적으로 합격 가능성을 분석한 자료가 노트 한 권이 됩니다.

편입 전문 학원에서 컨설팅받은 아들은 확신을 못 했지만, 저는 컨설턴트를 붙잡고 매달렸습니다. 사람들은 간절함이 담긴 목소리를 외면하지 못하는 법이죠. 어떤 방법이든 찾고 조력하려고 애쓰기 마련입니다. 이 외 합격하기까지 사연은 무수히 많습니다. 사소한 일부터 자녀와 소통하는 일까지 어느 것 하나 소홀할 수 없습니다.

'열등생'도 노력하면 의대에 갈 수 있다

아들의 의대 동기 중에는 지방대 도시환경공학과, 지방대 체육학과 출신도 있습니다. 의대에 뜻이 있다면 누구라도 가능한 일이니 거침없이 도전해 보라고 조언하고 싶습니다. 물론 100% 합격한다고 장담할 수는 없습니다. 아이와 부모가 확실한 목표를 정하고 과정에 집중해야 가능한 일이니까요. 실패에 대비하여 차선책도 마련해 두고 시작하면 후회는 없습니다. 맹모단기지교의 교훈처럼 하다가 말면 안 하느니만 못하다는 말도 있지만, 실패하더라도 그만큼 인생에 도움 되지 않을까요?

한국 의대에 합격하기 어렵다면 외국의 의대를 졸업한 뒤 한국의 의사 자격을 취득할 수도 있습니다. 이렇게 말해 놓고 보니, 한편으로는 너무 쉽고 가볍게 접근한다는 오해를 살까 봐 조심스럽기도 합니다. 당연히 사람의 생명을 다루는 의학의 길은 쉽지 않습니다. 성공과 실패를 갈라놓는 요소들도 많이 숨어 있습니다. 시험의 당락에 따라 시간과 노력의 리스크도 감당해야 합니다. 하지만 하고 싶은 일이라면 도전을 망설이면 안 됩니다. 망설인 시간만큼, 가고자 하는 길에 늦게 들어서게 될 뿐이니까요.

어떤 해에는 개나리꽃이 두 번 피기도 합니다. 자연현상에도 예외가 있듯 사람이 하는 일은 뒤집어 털어 보고, 파서 엎어 보면 예외가 있습니다. 어느 대학, 어느 학과에 입학하는 방법이 수시, 정시만 있는 것이 아니라, 학사 편입, 일반 편입, 전과, 복수 전공, 이중 전공, 부전공 등 셀 수 없이 많습니다. 여러 방법 중 우리 아이에게 적합한 방법을 찾아 목표를 이룰 수 있도록 도와주세요. 아이를 위해 모든 가능성을 열어 주어야 하는 것이 부모의 역할 아닐까요.

의전, 치전, 학사 편입, 일반 편입의 경우 어느 대학교는 학교 성적이 낮으면 M·DEET 시험을 만점 받아도 합격할 수 없습니다. 또 다른 학교는 영어 성적이 낮으면 M·DEET와 학점이 아무리 높아도 합격하기 어렵습니다. 어디는 영어가 만점 수준이면, 학교 성적이 낮고 M·DEET 성적이 그럭저럭 나와도 입학할 수 있습니다. 그 기준은 입시 요강을 분석하면 정확히 알 수 있습니다. 요강은 학교에서 정하는 것입니다. 우리는 불리한 것은 버리고 유리한 것만 취하면 됩니다.

요강을 자세히 살펴보면 아이에게 맞는 곳은 있게 마련입니다. 제갈공명처럼 북서풍이 부는 겨울에도 남동풍이 불 수 있다는 확률을 믿고 그 빈틈을 찾아서 공략하면 됩니다. 초, 중, 고등학교에서 1등을 해야만 의사가 된다고 단정 짓지 마세요. 아이가 의사가 되고 싶다는 말을 꺼내는 순간 부모는 가장 좋은 입시 멘토로 거듭나야 합니다. 정보를 모으고 가능성의 길을 찾아내야 합니다. 실제로 의대생 중에는 부모가 의사인 학생이 많습니다. 본인의 노력도 있지만, 부모가 의대 입시 정보를 정확히 알고 있었기에 가능했다고 생각합니다.

아들에게 의대 편입 공부를 얼마나 열심히 했는지 물었더니, 2년간은 수업 듣는 정도로 공부했고, 마지막 6개월은 '죽기 살기'로 M·DEET를 공부했다고 하더군요. 영어는 방학 때만 공부하고, 시험은 별도로 준비하지 않았습니다. 대학교 성적은 창피하지만 바닥이었습니다. 이런 성적, 이 정도 노력으로도 의대에 편입했습니다. 의·치전원을 준비하는 학생은 이점을 참고하면 될 듯합니다. 의·치전원 입시는 대학교 성적이 낮으면 불리하다는 점도 알고 있어야 합니다.

2025학년도 전국
의과대학·의학전문대학원 모집 현황

소재지	의과대학 입학 정원
서울(8)	가톨릭대(93), 고려대(106), 경희대(110), 서울대(135) 연세대(110), 이화여대(76), 중앙대(86), 한양대(110)
경기(3), 인천(2)	가천대(40), 성균관대(40), 아주대(40), 인하대(49) 차의과학대(40)*
대전(3), 충남(2), 충북(2)	건국대(글로벌)(40), 건양대(49), 단국대(천안)(40), 순천향대(93), 을지대(40), 충남대(110), 충북대(49)
강원(4)	강원대(49), 가톨릭관동대(48), 연세대(미래)(93), 한림대(76)
광주(2), 전북(2)	원광대(93), 전남대(124), 전북대(142), 조선대(125)
경북(1), 대구(4)	경북대(110), 계명대(76), 대구가톨릭대(40), 동국대(WISE)(49), 영남대(76)
경남(2), 부산(3), 울산(1)	경상국립대(76), 고신대(76), 동아대(49), 부산대(125), 울산대(40), 인제대(93)
제주(1)	제주대(40)

* 표기는 의학전문대학원
파란색 글씨는 2025학년도 편입학 선발 대학
참고 자료: 김영편입 의치대 편입 가이드

2025학년도 의학과 편입 전형 선발 방식

대학명	모집 인원	경쟁률	선발 방식 및 반영 비율	필기 과목
가톨릭 관동대	5(1*)	59.4 (24.0*)	1단계(3배수): GPA 30, 공인영어 30, 서류 40 2단계: 1단계 70, 면접 30	
건양대	2	130.5	1단계(5배수): GPA 200, 전공기초(필기) 400 2단계: 1단계 600, 면접 400	생물(일반생물학/분자생물학/세포생물학)
경희대	2	115.0	1단계(10배수): 필기 100 2단계: 1단계 60, 서류 20, 면접 20	생물, 화학
고신대	1	95.0	면접 50, 전공기초(필기) 60, 공인영어 90	생물, 화학
단국대 (천안)	5	40.2	1단계(5배수): 공인영어 30, 필기 70 2단계: 1단계 70, 면접 30, 서류(P/F)	생물, 화학
아주대	2	30.5	1단계(10배수): GPA 20, 공인영어 20, 서류 30, 필기 30 2단계: 1단계 60, 면접 40	영어, 수학
연세대 (미래)	7	45.9	1단계: 필기 50, 서류 50 2단계: 1단계 70, 면접 30	생물(세포생물학/인체발생학), 화학(일반화확/유기화학)
원광대	6	42.8	1단계(25배수): 공인영어 200 2단계: 1단계 200, 생물 100, 화학 100	생물, 화학
인제대	1	70.0	1단계(5배수): 필기 40, 서류 10 2단계: 1단계 60, 면접 40	수학, 생화학
인하대	6	23.5	1단계(3배수): 필기 100 2단계: 1단계 70, 면접 30, 서류(P/F)	영어, 수학
한림대	4	66.0	1단계(10배수): GPA 30, 서류 40, 공인영어 30 2단계: 1단계 80, 면접 20	

❙* 표는 기초생활 및 차상위 모집 인원　❙참고 자료: 2025학년도 각 대학 편입학 전형 모집 요강

최근 3년간 전국 18개 의대 편입 모집 및 지원 규모(일반 편입 기준)

권역	지역	대학명	2023학년도		
			모집 인원	지원자 수	경쟁률
서울권	서울	경희대	2	336	183.0
		중앙대	-	-	-
		고려대	3	320	106.7
	서울권 계		5	686	137.2
경인권	경기	아주대	1	36	36.0
	인천	인하대	4	86	21.5
	경인권 계		5	122	24.4
지방권	경북	대구가톨릭대	5	518	103.6
	강원	가톨릭관동대	2	168	84.0
	대전	건양대	2	259	129.5
	제주	제주대	4	216	54.0
	강원	한림대	4	234	58.5
	대전	을지대	4	72	18.0
	충남	단국대(천안)	5	340	68.0
	부산	고신대	2	171	85.5
	충북	건국대(글로컬)	-	-	-
	전북	원광대	6	292	48.7
	강원	연세대(미래)	8	299	37.4
	충북	충북대	3	163	54.3
	경남	인제대	4	120	30.0
	지방권 계		49	2,852	58.2
전체계			59	3,660	62.0

l * 표는 기초생활 및 차상위 모집 인원
l 참고 자료: 2023~2025학년도 각 대학 편입학 전형 모집 요강, 김영편입 의약대관

2024학년도			2025학년도		
모집 인원	지원자 수	경쟁률	모집 인원	지원자 수	경쟁률
2	279	139.5	2	230	115.0
3	409	136.3	-	-	-
-	-	-	-	-	-
5	688	137.6	2	230	115.0
1	39	39.0	2	61	30.5
2	71	35.5	6	141	23.5
3	110	36.7	8	202	25.3
1	195	194.0	-	-	-
2	205	102.5	5(1*)	297(24*)	59.4(24.0*)
3	299	99.7	2	261	130.5
1	94	94.0	-	-	-
3	266	88.7	4	264	66.0
1	68	68.0	-	-	-
3	203	67.7	5	201	40.2
3	188	62.7	1	95	95.0
2	114	57.0	-	-	-
10	434	43.4	6	257	42.8
7	295	42.1	7	321	45.9
6	232	38.7	-	-	-
4	144	36.0	1	70	70.0
46	2,736	59.5	31	1,766	57.0
54	3,534	65.4	41	2,198	53.6

점프하고 역전하는 공부 비법은 따로 있다

. . . . .

모든 부모는 내 아이가 행복하기를 바랍니다. 그래서 아이가 "공부하기 싫어"라고 말하면, 고민에 들어갑니다. '공부 잘한다고 행복해지나? 그것도 아니잖아.' '내 아이가 행복한 일을 하며 살게 하고 싶어.' 하지만 이때 부모가 잊고 있는 것이 있습니다. 행복하려면 하기 싫은 일을 피하기보다는, 해내는 힘을 길러야 한다는 사실이죠. 정신건강의학과 전문의 조선미 교수는 「영혼이 강한 아이로 키워라」라는 책에서 "부모가 해야 할 일은 '고통 내성'을 키우는 일"이라고 말합니다. 아울러 "아이를 사랑한다면 좌절을 겪게 하라"라고 말합니다. 공부를 싫어하게 된 것은 아이에게 공부로 인한 좌절이 찾아왔기 때문입니다. 이때 아이가 배워야 할 것은 좌절로 인한 포기가 아니라, 다시 일어서는 것입니다.

아이의 공부 맷집 키우는 네 가지 방법

"돌이켜보면 독특한 경험과 불안 속에서 나는 오히려 더 많이 성장했다. 점차 '새로움이 주는 불편함'을 찾아다녔으며, 늘 보람찬 결과를 얻었다. 어느새 불확실하고 낯선 상황에서 기회를 알아보는 능력을 갖추게 되었다."

• 프레데리크 페르트Frederik Pferdt, 구글 CIEChief Innovation Evangelist

소중한 내 아이가 미래에 자신이 꿈꾸던 일을 하길 바라지만, 정작 힘들고 어려운 과정을 거쳐야 한다면 주저하게 됩니다. 그로 인한 성장보다는 좌절과 고통이 더 크게 다가오기 때문입니다. 하지만 성장을 위해 '도전이 주는 불편함'을 감수할 수 있어야 한다는 사실을 자녀가 알게 하는 것, 이 또한 부모의 역할입니다. 공부 능력도 마찬가지입니다. '도전이 주는 불편함'을 이겨내야 능력을 키울 수 있습니다. 자녀 교육에 관심이 많은 부모가 아이의 학령기에 공부 능력을 키울 네 가지 도전 방법이 있습니다.

<u>첫째, 과고, 외고, 예고 등 특수 목적 고등학교 도전입니다.</u> 아이의 성적이 받쳐 준다면, 특목고를 거쳐 대학교에 입학하는 것이 단연 최고입니다. 도전이 성공하든 실패하든 다 괜찮습니다. 성공하면 자연스럽게 명문대로 이어지고, 실패하더라도 공부 핵심 요소인 '의지적 노력'과 '공부 습관'이 아이를 명문대로 이끄니까요. 실패할 경우, 실망하지 않고 계속 공부할 수 있는 용기를 불어넣어 주면 됩니다. 이때 격려와 자신감이 중요합니다.

<u>둘째, 편입학을 통해 기회를 잡는 방법이 있습니다.</u> 대학교에 입학했지만 학교나 학과가 맞지 않아 실패한 학생이 도전해 볼 만합니다. 2026학년도 기준으로 4년제 대학교 입학 정원의 10%가 넘는 수준을 편입학으로 뽑고 있어 기회가 많습니다. 사실 여기에는 반수나 재수의 증가로 대학 신입생들의 중도탈락률이 상승한 것이 중요한 원인이 되고 있습니다. 편입은 대학교 과정 2년을 마치고 입학

하는 일반 편입과 4년을 마치고 입학하는 학사 편입이 있습니다. 학사 편입은 경쟁률 면에서는 일반 편입과 큰 차이가 없지만, 4학년을 마친 학생들만 준비 가능한 과정이라는 측면에서 일반 편입에 비해 수월하다고 할 수 있습니다.

셋째, 대학원에 입학하는 길이 있습니다. 인서울 대학 진학이 어려운 학생도 인서울 대학원 진학은 생각보다 쉽게 할 수 있습니다. 대학원 진학에 경제적인 여건도 고려해야겠지만 장학생, 연구 프로젝트 참여 등 장학금이나 보조금을 지원받는 방법도 다양합니다. 어떤 분야든, 뜻이 있으면 길은 있게 마련입니다.

넷째, 의대에 입학하는 방법도 다양합니다. 의대 편입을 준비하는 과정을 이야기할 때 간략하게 소개했지만, 여기서 그 과정을 자세히 소개하겠습니다.

방법 ①
중학생 공부 점프, 특목고 도전

평범한 아이로 키우고 싶었기에, 아이들을 특목고에 보낼 생각은 한 번도 하지 못했습니다. 그러나 아이가 대학, 대학원, 의대 편입을 거치면서 초등학교, 중학교부터 과고, 영재학교, 외고 진학을 준비하지 않은 것을 가장 많이 후회했습니다. 그간의 통계 자료와 주위 사람들의 이야기를 들어 보니 특목고 출신 대다수가 SKY 등 명문대에 진학했습니다. 지인 아들은 결과적으로 외고에 도전해 실패했지만, 중학교 때부터 공부하던 습관이 고등학교까지 유지되어 일반고를 졸업하고 서울대학교에 입학했습니다.

여기서 잠시, 서울대학교 공대에 진학한 또 다른 지인 아들의 영재학교 준비 과정을 간략히 소개해 보려 합니다. 아이는 초등학교까지 인터넷 강의로 공부하고 중학생 때 처음 학원에 등록하여 수학과 과학을 공부했습니다. 그리고 방학 기간 중 교육청과 대학교에서 주관하는 영재학교에 다니면서 과학에 흥미를 느꼈습니다. '숫자'에 관심이 남달랐던 아이는 학원 선생님의 권유로 영재고 입학을 준비했습니다.

아이가 목표를 설정하면 더욱 노력하게 됩니다. 결과적으로 영재학교, 과학고, 외고 등 특목고 입시에 실패하더라도 명문 대학교에 입학할 확률이 높습니다. 이미 공부의 방법을 체득했기 때문입니다. 따라서 영재학교를 목표로 공부하면, 적어도 세 가지 장점이 있습니다.

<u>첫째, 중학생 시절 왕성한 호기심을 공부로 돌릴 수 있습니다.</u>

술, 담배, 게임 등 많은 유혹에 일찍 노출되지 않을 수 있지요.

둘째, 공부하느라 사춘기를 쉽게 넘길 수 있는 장점이 있습니다. 아들은 중학교 때 여자 친구를 처음 사귀었습니다. 며칠 사귀지도 못하고 한동안 의기소침해 마음을 다잡지 못했습니다. 그 시간이 얼마나 귀한 줄 모른 것입니다. 중학교 때, 공부를 열심히 하는 학생들은 이성에 빠지기보다는 이성을 마음속에 간직하는 경우가 많습니다. 물론 호기심이 있겠지만 자기 마음을 다스릴 줄 아는 것입니다. 지인 아들은 영재학교를 졸업하고 서울대학교에 입학한 뒤 자연스럽게 중학교 때부터 관심을 가졌던 여자 친구와 사귀기 시작했습니다.

셋째, 중학교 때부터 뚜렷한 목표를 설정했던 아이들의 대입 성공 확률이 높습니다. 아들을 포함한 아들 의대 동기들의 면면을 살펴보면, 어려움을 잘 극복한 사례가 많습니다. 한 발 잘못 디디면, 낭떠러지로 떨어질 뻔했던 사연도 있습니다. 대학교를 졸업하고 취업했다가 다시 의대를 준비해서 입학한 동기도 있고, 몇 년간 편입을 준비했던 동기도 있습니다. 의대에 편입한 아들 동기의 평균연령이 아들보다 네 살 정도 많았으니, 저마다 고달픈 사연 한두 가지는 다 가지고 있었습니다. 목표 설정을 늦게 한 아이들은 어려운 과정을 거치기도 합니다.

방법 ②
대학 갈아타기, 편입학

대입에 실패한 학생은 재수, 삼수를 위해 학원으로 몰려갑니다. 하지만 '편입' 제도가 있으며, 모집 규모도 상당합니다. 편입은 대입 수시나 정시와 다르게 대부분 영어와 수학만으로 평가합니다. 따라서 수학과 영어에 자신이 있는 학생이라면 편입 제도를 활용해 아쉬운 대입 결과를 역전해 보는 것도 나쁘지 않습니다. 정문으로 들어갈 수 없다면 후문, 쪽문으로 들어가면 된다는 유연성을 발휘해 보세요. 교실 문이 잠겼으면 창문을 열고 들어가면 됩니다. 어떻게 들어가던 강의실에 앉을 자격을 얻으면 됩니다. 잊지 마세요. 중요한 것은 '정시냐 수시냐 편입학이냐'가 아니라, 입학 후 '얼마나 열심히 공부하느냐'입니다.

인문 계열과 이공 계열은 편입 시험 과목이 다릅니다. 인문 계열의 경우 영어만 보는 학교가 대부분입니다. 이공 계열은 학교에 따라 수학, 수학과 영어, 수학과 공인 영어로 시험 과목이 나누어집니다. 학교별 학과의 시험 과목을 미리 알아보고 공부하면 합격의 가능성이 커집니다. 이전 대학에서 2년 이상 수료하면 3학년에 편입할 수 있습니다. 전문대인지 4년제 대학인지 구분하지 않는다는 것도 이점입니다. 전문대학교를 졸업한 학생이 국가평생교육진흥원에서 주관하는 학점은행제를 통해 학점을 취득하면 '학사 편입 전형'에 도전할 수도 있습니다.

시험 정보를 자세히 알아보고 공부에 자신이 있다면 굳이 편입 전문 학원을 이용하지 않아도 됩니다. 편입에 관한 정보는 인터넷이나 학원을 통해서도 구할 수 있으니까요.

방법 ③
한 번 더 대입 역전하기, 대학원

대학원 진학은 생각보다 쉽습니다. 물론 '쉽다'의 기준이 동일 대학교와 대학원을 비교했을 때 더 쉽다는 의미이지만요. 인서울이 목표인데 뜻대로 안 돼 재수, 삼수를 고민하는 부모라면 인서울 대학원 진학을 검토해 보세요.

인서울 대학원은 정원을 채우지 못해 미달되는 경우가 많습니다. 과거 대학원생은 전문연구요원 병역특례제도가 적용돼 군 복무 대체의 장점으로 경쟁률이 높았으나 최근 이 제도의 축소, 대학원 진학의 필요성 감소 등으로 대학원 진학률이 낮아지는 추세입니다.

조사해 보면 알겠지만, SKY 대학원도 미달되는 사례가 있습니다. 또한 국비장학생을 뽑는 대학원도 있으니 차근차근 준비하면서 정보량을 늘리는 게 중요합니다.

특정 대학원을 목표로 한다면 사전에 필요한 스펙 준비는 기본입니다. 실패할 경우를 대비해, 비슷한 수준의 여러 대학원 입시 정보도 파악해야 합니다. 주변에서 입시 정보를 얻기 어렵다면, 원하는 대학원의 교수님과 메일로 소통하는 것도 방법입니다.

한편으로, 대학원에 진학하면 동기들과 협업하고 연구하면서 사회를 경험합니다. 대학교 생활과 다르게 대학원은 반사회인 또는 직장인에 가깝습니다. 취업을 위해 준비하는 기간이기도 합니다.

요즘 대학교 졸업 후 '취준생'으로 몇 년을 보내는 경우가 있습니다. 이때 대학원 진학을 고려하는 것은 또 다른 선택지를 늘리는 방법입니다. 경제적인 여유가 있다면 대학 졸업을 미루는 것보다 낫습니다. 대학원에 다니고 있다는 자부심도 가질 수 있고, 다양한 취업 정보도 함께 얻을 수 있기 때문입니다. 더불어 학위가 나오고 전공 분야 공부에 깊이를 더할 수 있습니다. 대학원에서 석사나 박사 과정을 마치면 전공한 학문의 영역에서 세상을 바라보는 시야가 넓어집니다.

제 딸아이 역시 대학원 진학으로 스펙을 업그레이드한 케이스입니다. 딸아이는 인서울 대학의 정보통계학과에 진학했지만, 통계가 적성에 맞지 않아 울며 겨자 먹기로 컴퓨터공학과로 전과했습니다. 그러나 컴퓨터공학과로 전과했다고 해서 전공 공부에 매진하는 것도 아니었습니다. 어쩌다 한 번씩 "공부 좀 해야 하지 않냐"라고 물으면, "요즘은 학점이 너무 높아도 부담스러워서 기업에서 뽑지 않는대"라며 이해할 수 없는 논리로 반박하곤 했지요. 하지만 졸업 시점이 다가오면서 차츰 미래에 대한 고민을 내비치기 시작했고, 저는 여지없이 그 틈을 파고들어 가서 '대학원 진학'이라는 새로운 도전 카드를 내밀었습니다. 물론 그즈음 저는 열심히 딸의 대학원 진학 정보를 모으고 있었지요.

결국 대학 3학년 때 딸아이가 물었습니다.

"아빠, 대학원 진학하려면 어떻게 해야 해?"

아빠의 진로 멘토링, 아니 입시 멘토링이 필요하다는 SOS였죠.

"첫째, 학교 소프트웨어 경시대회에서 상을 받아야 해. 둘째, 4학년 초까지 정보처리기사 자격증 취득은 필수야. 셋째로 토익도 900점 이상 점수를 받아야 해. 넷째, 학교 성적을 올려야 해."

딸은 앞으로 남은 1년 6개월 시간 동안 아빠가 말한 네 가지를 이룰 수 있다는 자신이 있었는지 선뜻 해 보겠다고 선언했습니다. 물론 위의 네 가지를 이루어내기가 말처럼 쉬운 일은 아니었습니다.

4학년 초 정보처리기사 시험에 응시했다가 한 차례 고배를 마시기도 했고, 토익 점수가 800점대에서 더 이상 올라가지 않아 방학 내내 학원에 다니며 공부하기도 했습니다. 마지막으로 2점 후반이던 다소 낮은 학점도 올려야 했지요.

딸의 막연한 도전에, 아빠가 구체적인 그림을 그리고 동반자 역할을 하며 자신감을 심어 준 덕분이었을까요? 딸아이는 열심히 경시대회 참가 학생을 모집해 대회에 참가해 금상을 받았고, 네 가지 미션을 하나하나 이루어낸 끝에 결과적으로 SKY 대학원에 국비장학생으로 합격했습니다. 비록 목표 설정 단계에는 제가 개입했지만, 주도적으로 그 목표를 이루어낸 것은 딸이었습니다.

방법 ④
평범한 아이도 도전 가능한 의·치대 입학

국내에서 의사 되는 방법은 크게 네 가지로 나누어집니다. 첫째, 고등학교를 졸업하고 수시와 정시를 통해 의대(치대)에 입학하는 것입니다. 둘째, 대학교를 졸업하고 의학전문대학원(치의학전문대학원)에 입학하는 것이죠. 셋째, 편입학으로 의·치대에 입학하는 것입니다. 넷째, 외국 의·치대를 졸업한 뒤 우리나라의 의사 국가고시를 통해 의사 자격을 취득하는 것입니다. 외국의 의·치대를 졸업한 뒤 귀국하는 대신, 원하는 국가에 취업하기도 합니다.

이제 국내에서 의사 자격을 취득하는 네 가지 방법과 의·치대 입학 전략을 알아볼까요.

플랜 A. 고등학교를 졸업하고 수시와 정시를 통해 의·치대 입학

수시와 정시를 통해 의·치대에 입학하는 과정은 학교나 입시 전문 컨설팅을 거쳐 확인하는 것이 좋습니다. 여기서는 의대의 정규 입학 외 다른 사례를 비교할 것이니, 자녀의 공부 성향에 맞춰 진로 방향을 잡는 것이 좋을 듯합니다.

지인의 아들은 천안의 일반 고등학교에서 내신 1.05등급, 전교 3등으로 졸업했습니다. 수능에서 1등급, 주요 세 과목에서 최저 기준에 못 미쳐 서울대학교 수시에 떨어졌고, 수능 최저 등급 기준이 1등급 2개인 지방대 의대에 수시로 합격했습니다. 지인은 아들이 지방에서 고등학교에 다녔기 때문에 의대에 갈 수 있었다고 분석했습니다. 지방 중·고등학교를 3년간 통학 시 지원할 수 있는 '지역 인재 전형'이라는 특별 전형 제도가 있기 때문입니다. 지방 고등학교에서 내신 성적을 잘 받으면 수시 전형으로 대학에 입학하기가 수월합니다.

그러므로 내신 관리를 철저히 하는 아이라면 지방으로 갈 것인지, 학원이나 과외로 공부를 보충하여 수능 점수를 올릴 것인지 부모가 판단해야 합니다. 아이 성향과 맞게 판단하면 성공하겠지만 잘못 판단하면 오히려 마이너스 효과가 날 수 있습니다.

플랜 B. 대학 졸업 후 의학전문대학원(치의학전문대학원) 입학

의전원, 치전원으로 알려진 의·치대는 2026년 의전 1개 대학 46명, 치전 3개 대학 124명 총 170명을 선발했습니다. 의전원은 차의전원, 치전원은 서울대(47명), 부산대(40명), 전남대(37명) 3개 대학에서 뽑고, 서울대학교는 치대와 치전원 두 개 다 있습니다. 이 중 부산대 치전원은 2028학년도부터 치과대학으로 전환하게 되어 2027년까지만 신입생을 모집합니다. 의전원과 치전원은 본과 1학년부터 시작하기에 4년이면 졸업합니다. 물론 의대와 치대는 예과 2년, 본과 4년 총 6년을 공부합니다. 예과 3년, 본과 4년 총 7년 공부하는 학교도 있습니다.

의전원과 치전원에 입학하려면 M·DEET 시험, 대학교 성적, 영어 성적(토플, 텝스, 토익 중 1개) 총 세 가지가 필요합니다. 각 대학의 입시 요강을 살펴보면 세 가지 성적이 어떻게 반영되는지 알 수 있으며, 일부 대학은 여기에 더해 추가 성적을 요구하기도 합니다.

대학교 성적, 영어 성적, M·DEET 각각 상위권 성적을 취득하기 어렵겠지만, 학교별 반영 비율이 다르니 하나의 점수가 낮다고 포기하면 안 됩니다. 2020년 지방대 의대에 학사 편입으로 본과 1학년에 입학한 아들은 대학교 성적 최하위권, 텝스 성적 중상위권, M·DEET 성적 상위 10% 이내 수준으로 입학했습니다. 반면 의·치전원은 대학교 성적 반영 비율이 대체로 높습니다.

M·DEET 시험은 화학과 생물에서 출제됩니다. 그러기에 관련 학과 출신이 유리합니다. 화공생명공학과 또는 유사 학과에 다니는 대학생이 영어에 자신 있다면, 충분히 도전해 볼 만하지요. 입시 조건에 화학, 생물 관련 세 과목의 이수가 필수로 기재돼 있으니 관련 학과 출신은 기본 자격조건을 갖춘 상태입니다. 또한 필수 과목에 물리, 수학이 포함된 학교도 있습니다. 대학별 수강 신청 과목명이 서로 다르므로 반드시 지원 학교에 문의해야 합니다.

아이가 준비하든, 안 하든 2026년에도 170명이 의전원과 치전원에 입학했습니다. 의치대 입시 규모를 생각하면 170명은 결코 적은 수가 아닙니다.

플랜 C. 의과대학 편입학을 통한 의·치대 입학

의·치대 편입학은 대학교 편입학과 같은 절차로 이루어집니다. 대학교 편입생은 학교별 상황에 따라 뽑기에 선발 인원의 추정이 불가능하지만, 매년 꾸준히 편입으로 의·치대생을 뽑는다는 사실은 틀림없습니다. 게다가 정부와 의학계가 의대 정원 확대를 논의

중인 현시점에서 앞으로 의대 편입생 선발 인원도 늘어날 것이라는 긍정적인 기대를 할 수 있습니다.

의·치대 편입 시험은 대학교(전문대 포함) 2년 이상 수료한 학생이면 시험 자격이 주어집니다. 화학, 생물 관련 세 과목 이수 조건도 의전원, 치전원 입시와 유사합니다. 그러기에 의전원, 치전원을 준비하는 학생이 편입도 같이 준비하면 좋습니다. 의·치전원을 준비하는 학생에게 더 많은 기회가 주어진다고 봐도 무방합니다.

영어와 수학 시험으로 의·치대 편입생을 뽑는 학교도 있습니다. 물론 화학과 생물 관련 이수는 필수입니다. 만약 일찍부터 의전원, 치전원 준비 과정을 직접 알아보고 싶다면 대학교 2학년 마치고 도전해 봐도 좋습니다. 무엇이든 실전 경험은 중요합니다.

의·치대 편입은 복수 지원의 제한이 없으므로 가능한 모든 대학에 도전해야 합니다. 여기서는 화학과 생물 시험 성적과 영어 성적 우수자를 뽑기 때문에 대학교 성적은 포함되지 않습니다. 그러므로 학과가 전혀 달라도 도전할 수 있습니다. 전공 성적이 낮다고 낙담할 필요도 없습니다. 편입학 전형을 꼼꼼히 분석하여 계획하고 준비하면 넘지 못할 관문은 아닙니다.

의전원, 치전원, 편입학의 절차는 학년말 시점에 이루어지기 때문에 성적이 우수한 학생은 중복으로 합격합니다. 아들은 의대 학사 편입에서 선발 인원의 1배수에 해당하는 예비 번호를 받고 최종

합격했습니다. 추가 합격자 수는 등록 상황에 따라 얼마든지 바뀔 수 있습니다.

서울 소재 의·치대는 추가 합격자 수가 적지만, 지방 대학교는 상대적으로 많은 편입니다. 의·치대 학사 편입은 전형 방식이 의·치전원과 거의 같습니다. 다만 의·치전원이 폐지되면서 과도기적으로 몇 년간 소규모로 선발되다가 현재는 대부분 사라졌습니다.

플랜 D. 외국 의·치대 졸업 후 국내 의사 자격 취득

외국의 의·치대 입학을 고민하는 학생이라면, 독일과 한국 두 나라에서 의사 자격을 취득한 이한나 작가가 쓴 『나는 인생을 건 공부를 시작했다』를 읽어 보길 권합니다. 이 책에는 외국 의대의 입학 정보와 외국 대학의 의대 졸업 후 국내에서 의사가 되는 길이 잘 나와 있습니다. 작가는 세종대학교 생명공학과를 졸업하고 국내의 의전원에 도전해서 실패했습니다. 그러나 그 뒤 독일 의대에 입학해 독일 의사 자격을 취득하고, 한국 의사 국시 예비시험과 KMLE(대한민국 의사 국시)를 거쳐 국내 의사 자격을 취득했습니다.

외국의 의대 출신자는 의사 예비시험Pre-KMLE(1차 필기, 2차 실기)을 통과해야 KMLE 응시 자격이 주어집니다. KMLE 시험 시기는 매년 1회, 보통 9월에서 10월경입니다. 이한나 작가는 의사 국시 필기시험을 한 번에 합격했으나, 실기시험은 떨어졌습니다. 국내 의사 국시 실기시험의 구조를 이해하지 못한 결과였습니다. 그러므로 외국의 의대 출신자는 국내의 의사 실기시험과 필기시험에 대한 자세한 정보를 알아야 합니다. 이한나 작가도 한국 의사 국시 방식과 주제에 관한 가이드를 시험을 치른 후에야 알았다고 고백합니다. 이런 정보 부족 사태가 일어나지 않도록 시험 보기 전 알아보고 준비해야 합니다.

국시원 홈페이지에 접속하면 실기시험 평가 항목이 공지되어 있어 외국에서 의대를 졸업한 학생도 시험 준비에 도움을 받을 수 있습니다. 그럼에도 외국의 의대 출신자가 시험 합격률이 낮은 이유는 국내 의대 출신자들과 다르게 집중적으로 시험에 대비해 연습하는 절차가 없기 때문입니다. 국내 의대생은 시험 전, 한 달 가량 모여 국시원 홈페이지에 공지된 평가 항목에 맞춰 실기시험을 준비하는데, 학생들이 서로 의사와 환자가 되어 실제 진료를 방불케 하는 연습을 합니다.

실기시험장에서 신속 정확한 환자 진단과 병명을 도출해 내지 못하면 높은 점수를 받을 수 없습니다. 의사 국시 실기시험은 사전에 역할이 무작위로 정해지는 10가지 유형의 환자를 진찰하고, 병명을 정확히 진단하는 전 과정을 거쳐야 합니다. 10명의 환자를 진찰한 성적 중 5명의 환자에서 하위 특정 점수 이하를 받으면 탈락합니다.

실기시험에 탈락하면 필기시험에 합격하더라도 그해 의사 자격은 주어지지 않고 최종 탈락합니다.

명문인 울산대학교 의대생도 2023년도 40명 졸업생 중 10명이 실기시험에 탈락했습니다. 평소 잘하던 학생도 실제 시험장에 들어서면 긴장되어 제대로 못 해내고 탈락한다는 것이죠. 진정제를 먹고 시험장에 들어가는 학생도 있다고 하니, 시험이 주는 중압감이 다른 직종보다 높은 듯합니다. 탈락률이 높은 것은 아니지만 탈락자는 존재합니다.

외국 의대 졸업생의 국내 의사 국시의 합격률이 높지 않은 문제점이 언론에 보도되고 있습니다. 하지만 절차를 정확히 파악하고 차분히 준비하면 합격 가능합니다. 시험 횟수 제한이 없어 합격할 때까지 계속 도전할 수 있습니다.

의사 국시 필기시험은 대부분 국가 자격시험 기준과 비슷하게 과락 40점이고, 평균 60점 이상이면 합격합니다. 의대생들도 실기에서 떨어질 수 있다고 걱정하지만, 필기에서 떨어질 것은 걱정하지 않습니다. 다만, 낮은 필기시험 점수를 받아 대형 대학병원에 인턴 지원에서 떨어지는 것을 두려워할 뿐입니다.

외국 의대를 졸업한 후 모두가 국내 의사 국시에 응시할 수 있는 것은 아닙니다. 그러므로 외국의 의대에 입학하기 전에 첫째로 확인해야 할 것이 있습니다. 바로 한국 의사 시험 자격이 주어지는 외국의 의대, 즉 세계의과대학명부WDMS에 등재된 의과대학인지입니다. 이는 국시원에서 확인할 수 있습니다.

둘째, 출신 국가의 의사 자격을 먼저 취득해야 한국의 의사 자격 시험에 응시할 수 있습니다. 이 점에서 몽골의 의대를 추천하는 경우가 있습니다. 몽골은 의대를 졸업하면 별도의 자격시험 없이 의사 자격을 취득하기 때문에 한 단계가 생략됩니다. 게다가 몽골 의대 입학은 학업 능력 수준에서 우리나라 의대 입학 수준과 비교하면 현저히 낮다고 합니다. 몽골은 우리나라와 다르게 의대 입시를

보건복지부 장관이 인정하는 38개국의 159개 의과대학 현황					
미국	26	프랑스	3	미얀마	1
필리핀	18	뉴질랜드	2	벨라루스	1
독일	15	아일랜드	2	볼리비아	1
일본	15	카자흐스탄	2	브라질	1
영국	14	캐나다	2	스위스	1
러시아	11	파라과이	2	스페인	1
호주	6	그레나다	1	에티오피아	1
대만	4	네덜란드	1	오스트리아	1
아르헨티나	4	노르웨이	1	우크라이나	1
우즈베키스탄	4	니카라과	1	이탈리아	1
헝가리	4	도미니카	1	체코	1
남아공	3	몽골	1	키르기스스탄	1
폴란드	3	르완다	1		

ㅣ 출처: 국회 보건복지위원회 소속 정춘숙 의원실, 2023년.

선호하지 않습니다. 몽골에도 한국 의사 자격시험에 응시할 수 있
는 의대가 있습니다.

이런 외국의 의대를 잘 이용하면 국내 의대에 입학하는 것보다
낮은 학업 능력으로도 한국에서 의사 자격을 취득할 수 있습니다.
게다가 독일 국립 의대 등 일부 국가의 의대는 외국인에게도 등록
금을 받지 않습니다. 학비가 부담되는 학생은 이 점도 고려 대상이
되겠지요?

여기서 강조하고 싶은 점은 의대 입학이 다소 수월한 나라, 등록
금이 필요 없는 나라 등 다양한 의대 입학 방법이 있다는 사실입니
다. 자신의 상황에 맞는 나라의 의대를 선택하여 노력하면 국내 의
사 자격을 다양한 방법으로 취득할 수 있습니다.

참고로 2005~2023년 보건복지부 인정 외국 의대 졸업자가 우
리나라 의사 예비시험(필기/실기)을 통과한 비율은 55.4%에 그친
것으로 나타났습니다. 외국 의대 졸업자가 예비시험과 국시 관문을
뚫고 최종적으로 국내 의사면허를 발급받은 비율은 33.5%입니다.

공부와 담쌓은 아이를 둔
부모들에게

"습관은 복리로 작용한다. 돈이 복리로 불어나듯이 습관도 반복되면서

그 결과가 곱절로 불어난다."

• 제임스 클리어James Clear, 자기계발 전문가

교육에 왕도는 없지만 핵심은 있다

뉴질랜드에서 세상에 하나뿐인 반딧불 동굴을 보기 위해 여행한
적이 있습니다. 여행 중 우연히 지나친 와이카토 강변 평화로운 전
원주택, 끝없이 펼쳐진 목장, 아이들의 즐거운 표정이 제 인생에 가

장 아름답고 행복한 추억으로 남아 있습니다. 그러나 반딧불 동굴에 대한 기억은 어둡고 침침한 곳에 반짝이는 빛뿐이었지요. 목표를 향해 달려가는 길고도 험한 여정이 인생을 아름답게 만들어 주기도 합니다.

위대한 사람의 빛나는 업적은 위대한 꿈에서 시작됩니다. 대통령의 아내가 되겠다는 매리 토드Mary Todd의 야망이 없었다면, 링컨은 시골의 평범한 변호사로 일생을 마감했을 것입니다. 그러므로 무언가 바꾸고 싶다면 확신이 서지 않더라도 목표를 설정하고 시도해 보세요. 도전이 모두 다 좋은 결과로 이어지는 건 아니지만, 조그마한 변화는 일으킬 수 있습니다. 점심때까지 자던 아들이 아침에 일어날 수 있고, 피시방에서 살던 아이가 학원에 등록할 수 있습니다. 이렇게 작은 변화가 모여 습관이 될 때 막연했던 꿈이 조금씩 현실로 다가옵니다. 공부에 늦은 나이는 없지만 늦은 후회는 있습니다.

공부와 담쌓은 아이 교육법 ① 함께 결심하면 50% 성공이다

재수하던 아들에게 공부 의욕을 넣어 준 계기는 엉뚱했습니다. 중학생 때 자신보다 공부를 못했던 친구가 학원 모의고사 성적을 잘 받았다고 자랑해서 그놈 잡으려고 공부했다는 것입니다. 성적을 많이 올릴 수 있었던 이유는 첫째, 고3 수능에서 배치표에 성적을 대입시켜 보는 순간 그간 너무 안일했음을 깨우쳤다고 합니다. 둘째, 재수해서도 좋은 대학에 못 가면, 아빠가 삼수시킬 것 같아 공부했다고 하더군요. 오래도록 공부하기 싫어서 열심히 공부한 것입니다. 앞뒤가 안 맞는 말 같지만, 게으르고 공부하기 싫어하는 아들의 본성이 드러난 솔직한 답이었습니다.

부모가 아이를 공부시키겠다고 결심하면 자연스럽게 아이에게 전해집니다. "시작이 반이다"라는 말이 있듯 자녀가 목표를 설정하고 공부를 시작하면 성공 확률이 50%입니다. 자녀가 목표를 향해 달려가는 긴 여정에 부모가 동참한다면, 흔들릴 때 잡아 줄 수 있어 성공 가능성이 올라갑니다. 자녀가 학교나 학원에서 공부하는 동안 부모는 여행을 다니거나 친구를 만나거나 혹은 취미 생활을 한다면 함께 결심했다고 보기 어렵습니다.

물론 자녀의 공부와 부모는 실질적인 관련성이 없지만, 관심의 끈을 놓지 않는다면 한두 가지 결정적인 도움을 줄 수 있고 어려움을 극복할 힘이 됩니다. 든든하게 옆에 있어 주는 것만으로도 아이는 안정을 느낄 것입니다. 반면 부모가 생업을 위해 일하는 것은 어쩔 수 없지만, 자신의 사생활을 충분히 즐기기 위해 자리를 비우고 공부 조력자의 역할을 소홀히 한다면 아이도 흔들립니다. 저도 잠시 방심하여 아들의 의대 편입 자소서를 꼼꼼하게 검토하지 못했습니다. 그 결과 3년간의 피나는 노력이 물거품이 될 뻔했지요.

공부를 잘하거나, 스스로 알아서 하는 자녀라면 굳이 같이할 필요가 없고 오히려 관여하지 않는 것이 도움이 됩니다. 그렇지 않다면 부모도 같이 뛰어야 합니다. 넘어지면 스스로 일어나 잘 달리고 있다는 것을 확인할 때까지 페이스메이커가 되어 함께 뛰어야 합니다.

그렇다고 해서 자녀에게 부담을 주어서는 안 됩니다. 본인이 수험생이라는 생각으로 필요한 모든 정보를 머릿속에 넣고 있어야 합니다. 아이들이 막바지 시험에 집중할 때는 원서 접수 등 중요한 일정을 까먹을 때가 있습니다. 예컨대 제 아들은 대학교 3학년 1학기 말 기말고사를 치르느라 복수 전공 신청 시기를 놓쳤습니다. 분명히 복수 전공을 신청해야 한다고 일정을 알려 줬건만, 마감일에 한 번 더 확인하지 않는 바람에 놓친 것입니다.

이렇듯 부모가 아무리 간절히 당부한다 해도, 아이는 잊을 수도 있습니다. 당장 발등에 떨어진 일이 많기 때문입니다. 공부를 해 본 적이 없어, 공부를 어떻게 해야 하는지 몰랐던 아이이기 때문에 며칠, 몇 시간 공부했다고 믿어서는 안 됩니다. 끊임없이 부모가 옆에서 '이제는 스스로 알아서 하겠구나!'라는 확신이 들 때까지 학교와 학원 선생님과 소통하면서 지켜봐 주는 것이 좋습니다. 그리고 아이가 잊기 쉬운 일정이나 세세한 입시 요강은 부모가 챙겨야 합니다.

확신이 서면 한 발짝 떨어져, 아이들이 편히 숨 쉴 수 있게 적당한 거리에서 관찰해야 합니다. 너무 가까이 있어도 안 되고 너무 멀리 떨어져도 안 됩니다. 늘 지켜보고 있는 듯하면서도, 자녀가 떨어져 있고 싶어 할 때 편하게 느끼는 거리를 찾으면 됩니다.

자녀가 공부할 때, 공부와 관련된 정보를 수집해서 한 번씩 알려 주면 자녀는 부모의 관심에 힘을 얻어 더 열심히 합니다. 아들이 재수 학원에서 모의고사 성적이 올랐을 때마다 도전이 가능한 대학교를 알려 주었습니다. 첫 모의고사에서 인서울 대학에 입학할 수 있다는 용기를 줬고, 성적이 많이 올랐을 때는 "서울대학교도 가능할 것 같은데 과학 과목을 둘 다 'Ⅰ'을 선택해서 서울대학교에 갈 수 없으니, 의대에 가면 되겠다"라는 정보를 제공했습니다.

재수 학원에서 아들 성적이 급상승했을 때는 서울 소재 대학교의 입시 요강을 분석했습니다. 어떤 학교는 전과할 수 없고, 어떤 학교는 이중 전공을 허용하고, 어떤 학교는 복수 전공을 허용하더군요. 대학교별로 조금씩 차이가 있어 선택할 때 혼란스러울 수 있습니다. 저는 아이의 학업 성적에 맞춰 학교와 학과별로 꼼꼼하게 분석해 두어 수시와 정시 원서 접수 때 당황하지 않고 지원할 수 있었습니다. 또한 이런 분석은 대학교 입학한 이후 진로 설계에 도움이 됩니다. 이를 잘 아는 아들은 대학에 합격한 뒤 "아빠! 강남에서 입시 컨설팅 학원을 차리면 잘할 것 같은데!"라고 말했습니다. 그만큼 정보의 힘이 컸다는 뜻이지요.

공부와 담쌓은 아이 교육법 ② 나만의 교육서를 만들어라

인간은 누구나 인정받고 싶어 하는 욕망을 지닌 채 태어납니다. 아이는 자신이 신뢰받고, 인정받고 있다고 느낄 때 더 잘하고 싶은 욕망을 가지게 되고, 더 많은 것을 하고 싶어 합니다. 부모가 자녀의 작은 성취를 크게 격려해 준다면 자녀는 더 큰 성취를 위해 노력합니다. 누군가 자신의 성취를 기뻐해 준다고 믿으면 아이는 어떠한 어려움도 극복할 수 있지요.

가정 교육, 육아서 이론의 고전인 『칼 비테의 자녀교육법』에 따르면, 칼 비테 Karl Witte 는 인지능력이 생기는 세 살 때부터 아이를 차분히 관찰하며 교육을 시작했습니다. 그리고 인성, 바람직한 습관, 언어, 수학 등 모든 분야에 걸쳐 가르쳤습니다. 그 결과, 미숙아로 태어나 저능아 판정까지 받았던 칼 비테 주니어는 여덟 살 때 무려 6개 국어를 구사하고 열세 살 때 박사학위를 받았을 정도로 훌륭히 성장했습니다. 칼은 아들이 거만해지는 것을 염려해 남들이 아들을 칭찬하지 못하게 했으며, 본인도 칭찬을 아꼈습니다. 그러나 우리는 우리 아이에게 칭찬을 아끼지 말아야 합니다. 비록 천재는 아니지만 모든 가능성을 품고 내일로 나아가는 아이의 자존감을 높이고 용기를 주는 방법이기 때문입니다.

칼 비테는 아이의 자존감은 어린 꽃잎과 같아서 상처가 생기면 흔적이 남는다고 했습니다. 부모가 아이를 교육할 때 흔히 하는 실수는 훈육이 아니라 분노로 아이를 가르치는 것입니다. 잘못을 혼내는 것, 합당한 벌칙이 주어지는 것은 아이도 수긍합니다. 하지만 부모의 감정이 실린 화는 아이를 설득하지 못합니다. 자기 행동에 문제가 있다고 느끼는 것이 아니라 부모가 기분이 나빠 화를 낸다고 여깁니다. 그래서 저항하며 반항하기도 합니다. 아이는 자기 잘못을 깨닫지 못하기에 억울해하고, 혼내는 부모를 원망합니다. 아이 잘못에 대한 부모의 화는 결코 아이를 변화시키지 못합니다.

며칠 전, 성인이 된 딸이 제게 "아빠는 가르칠 때, 혼내지 않고 화를 냈다"라고 말하더군요. 딸은 그날 일이 잊히지 않는 상처로 남아 있다고 했습니다. 미안했지만 돌이킬 수 없어 안타까웠습니다.

<u>아이의 성향과 수준을 모른 채 정형화된 교육을 감행한다면 좋은 성과를 기대하기 어렵습니다.</u> 아이의 성격과 능력에 따라 교육의 가치를 실현해야 효율적인 교육이라 할 수 있습니다. 교육서를 비판적으로 읽고 충분히 고민한 후, 우리 아이에게 적용하세요. 우리 속담에 "선무당이 사람 잡는다"라는 말이 있지요. 부모의 교육관이 바로 서지 못하면 오히려 아이에게 나쁜 영향을 미칠 수 있습니다.

아이는 저마다 다른 개성과 능력을 타고났기 때문에 획일화된 교육서를 읽고 그대로 따라 하면 효과를 얻기 어렵습니다. 자칫 잘못하면 아이를 망칠 수도 있습니다. 방임보다 그릇된 교육관이 아이에게 더 큰 악영향을 끼칩니다.

공부와 담쌓은 아이 교육법 ③
자녀가 공부 못하는 것은 다 부모 잘못이다

수학학원에서 아들을 받아 주지 않자 직접 아들을 가르쳤다는 선배의 이야기를 듣고, 저는 "내 아들은 무관심한 아빠를 만나 고등학교를 중퇴할 뻔했구나" 하고 반성했습니다. 공부를 제대로 해 본 적 없는 아이에게 방법을 가르쳐 주기는커녕, 망망대해 속에 표류하도록 방치한 꼴이었으니까요. 당장 노 젓는 법조차 가르쳐 주지 않았으니, 아이는 '공부'라는 광활한 영역 안에서 헤맨 것입니다. 이러한 반성을 통해 아들을 바로 세울 방법을 찾고, 아들이 공부를 시작할 수 있게 도왔습니다.

아이가 바른길로 가지 않는다면 그것은 아이의 잘못이 아닙니다. 부모에게는 아이의 가슴을 뛰게 할 책임이 있습니다. 부모가 아이의 공부를 대신 할 수 없지만, 아이가 공부하고 싶어 하도록 만들어 줄 수 있어야 합니다. 아이가 공부 안 하는 것은 부모 잘못이고, 공부를 너무 일찍 포기하는 것도 부모 잘못입니다. 아이의 공부 문제로 고민하고 있다면 먼저 부모가 잘못하고 있다는 사실을 인정하고 받아들여야만, 해결책을 찾을 수 있습니다. 솔직하게 마음을 털어놓고 충분히 대화하면 내 아이만의 공부법을 찾을 수 있습니다. 대신 성급하게 다그치지 말고 한 걸음 한 걸음 차분하게 나아가야 합니다.

퇴직한 선배 한 분을 만난 자리에서 있었던 일입니다. 60세가 넘은 선배는 아들 진로 문제로 고민하다가 힘드셨는지 "평소 공부 안 하던 아들이 가톨릭대를 겨우 졸업했는데, 이놈의 자식은 아침에 일어나지도 않고 방에서 나오지도 않는다"라고 갑갑한 마음을 털어놓았습니다. 저는 그 자리에서 바로 "이놈의 자식이 선배를 닮았거나, 형수님을 닮았겠지요?"라고 말했습니다. 어쨌든 이놈의 자식은 죄가 없다고 했습니다. '이놈의 자식'을 따뜻한 눈빛으로 바라볼 수 있게 '선배 자신'이 반성해야 한다고 했습니다. 반성한 부모의 부드러운 목소리와 따뜻한 표정을 느낄 수 있어야, 아빠의 말을 듣기 시작합니다.

"아이는 대학 졸업이라는 상황이 처음이라 몰라서 자신 없고 두려운 것이니, 무턱대고 나무라지 말고 대안을 제시해 주면 된다"라고 귀띔해 주었습니다. 그날 선배는 아들이랑 식사하면서 "대학원 진학을 고려해 봐라, 아빠가 아직은 지원해 줄 수 있다, 그리고 전공이 좀 더 전문화되면 더 많은 기회를 가질 수 있고, 대학원에서 같이 공부하는 선후배나 동기들이 너의 장래에 크고 작은 도움을 줄 것이다"라고 이야기했다고 하더군요. 그 후 선배는 "아들이 스스로 준비해서 성균관대 공대와 한양대 공대 대학원에 합격했으며, 무엇보다 자신감을 회복한 모습이 보기 좋았다"라며 고맙다고 말했습니다. 지금 아이가 말을 듣지 않아 고심하고 있다면, 나의 말투와 태도에 문제가 없었는지 점검해 보세요. 부모가 온화한 낯빛으로 말하면, 아이가 귀를 열고 받아들이고 행동으로 옮깁니다.

공부와 담쌓은 아이 교육법 ④ 자녀와 눈높이를 맞춰라

부모는 자녀가 훌륭한 어른으로 성장하기를 바라며 이를 위해 학업에 몰두하기를 종용합니다. 게다가 처음부터 막힘없이 잘하기를 바랍니다. 이 과정에서 공부를 싫어하는 자녀와의 대립은 불가피합니다. 공부 안 하는 아이를 바라보는 부모의 마음은 답답합니다. 아이가 자신을 감시하고 통제하고 억압하는 부모에게서 벗어나려 하니까요.

자녀를 바라볼 때 느끼는 부모의 답답한 마음은 자녀와 눈높이를 맞추면 조금씩 해소됩니다. 눈높이를 맞춘다고 해서, 마주 앉아 쳐다만 보지 말고 서로 어긋나 있는 마음을 대화를 통해 맞춰 가야 합니다.

저는 방황하는 아들을 달래려고 온갖 애를 써 보았지만, 아들은 속마음을 꺼내 놓지 않았습니다. 2박 3일 예정으로 떠난 가족여행에서도 아들은 여행 중 다른 일정 핑계를 대며 서울로 복귀했습니다. 아이가 좋아하는 당구를 같이 쳐 보기도 했지만, 아들은 당구 치는 내내 말 한마디 안 했습니다. 최후의 수단으로 아들의 행동에서 가장 받아들이기 힘들었던 딱 하나, 바로 담배를 같이 피웠더니, 그토록 단단히 잠겨 있던 마음의 빗장을 열더군요. 남들이 욕을 하든지 말든지 난 아들과 대화해야 하고 아들과 친해져야만 한다고 생각했습니다. 지금은 시간이 날 때마다 아들과 어설픈 인생철학을 이야기합니다. 그 시간에 아이를 온전히 이해할 수 있습니다.

자녀의 마음을 알면 완전한 한 팀이 됩니다. 서로를 응원할 힘도 거기서 나옵니다. 자녀와 공부가 아닌 인생을 이야기할 방법을 찾으세요.

작은 성취 목표를 통해 자신감 심어 주기

컴퓨터공학과를 다니던 딸은 소프트웨어 개발은 싫고 IT 보안 분야에서 일하고 싶어 했습니다. IT 보안을 좋아하기보다는 소프트웨어 개발을 싫어한 것이지요. 그대로 졸업하면 딸은 자기가 싫어하는 분야의 업무를 해야 합니다. 그렇게 되면 직장 생활이 즐겁지 않고 오래 다니지 못하며 보람도 없을 것입니다. 그래서 저는 딸아이에게 대학원 진학을 제안했습니다. 대신 토익 900점 이상, 학점 3.0 이상, 정보처리기사 자격증 취득, 소프트웨어 경시대회 수상 등 진학 전 필수로 갖추어야 할 자격 요건까지 알려 줬더니, 딸은 선뜻 도전하겠다고 하더군요. 그것도 SKY 대학원을 목표로요.

멀리서 보면 어렵게 느껴질 수 있지만 하나씩 풀어 보면 쉽습니다. 공부는 할수록 지적 자산이 축적되어 쉬워집니다. 도전을 결정하는 순간과 처음 공부를 시작할 때가 가장 어렵습니다. 재수를 시작한 아들에게 "수학 1등급, 국어 2등급, 과학 1등급, 영어 1등급 받을 수 있지?" 하고 물었더니, 이렇게 대답하더군요.

"국어도 1등급 받지 뭐."

완벽주의 성향을 지닌 아이가 많습니다. 그 아이들은 웬만해서는 무언가를 시작할 엄두를 내지 않아요. 그럴 때는 목표를 세분화하여 아이가 스스로 자신감을 키워 도전하게 하세요. 자녀의 상황을 정확히 파악하여 그에 맞는 커리큘럼을 짜고 하나씩 해결하도록 해야 합니다. 자녀가 자신 있다고 말할 수준을 알고 있어야 목표 설정의 장애물이 사라집니다. 부모가 불안한 마음으로 자녀에게 "이 정도 할 수 있지?"라고 물어보고 목표를 설정하려 한다면 자녀도 미래를 확신하지 못합니다. 경험해 보지 못한 일에 과연 자신이 잘할 수 있을지 의구심이 생기기 때문입니다. 그러므로 부모는 합격을 장담할 수 없더라도 마치 하늘의 이치인 것처럼 자녀에게 자신 있게 말해야 합니다.

"이거 해 보자. 너라면 할 수 있어."

저 또한 대학원에 도전한 딸에게 "당연히 너는 합격한다"라고 말했습니다. 그래서 딸의 결정이 더 쉬웠는지 모릅니다. 하지만 준비 과정에서는 토익 때문에 울었고, 자격증 시험에서 떨어져 고생했습니다. 그래도 포기하지 않고, 경시대회를 위해 합숙도 마다하지 않았습니다.

아들이 의대 편입을 준비할 때 저는 아들에게 "토익 980점, 학점 3점대 후반, 화학과 생물을 공부해서 M·DEET 시험 잘 보면 충분히 합격한다"라고 말했습니다. 대학교 1학년 때 900점 중반의 토익 성적을 받은 아들은 영어는 금방 할 수 있고, 대학교 성적은 공부하면 되고, 화학과 생물은 고등학교 때부터 잘했던 과목이라 별 어려움이 없다고 했습니다. 그래서 아들은 대학 재학 중에 의대 편입을 준비했고, 졸업 후에는 그 길로 나아가야겠다고 생각했습니다.

그러나 의대 편입을 쉽게 생각한 아들의 성적표를 받아 보고 낙담했습니다. 대학교 성적은 최하위권 중에도 거의 꼴찌였습니다. 토익도 성적을 제출하는 마지막 시험에서 목표 점수를 받았습니다.

목표를 너무 쉽게 생각했던 탓입니다. 자신감이 넘쳐 오만했던 것이죠. 그러면 어려움이나 난관이 닥쳤을 때 흔들릴 수 있습니다. 급격히 자신감이 떨어져 포기를 선언하기도 합니다. 그러므로 목표를 정할 때는 진중한 태도를 가져야 합니다. 그 어떤 과정도 고비를 넘지 않고는 목표에 이르지 못합니다.

선택과 집중, 플랜 B 전략, 팀워크로 접근

●

일단 세 가지만 놓지 말자!

초등학생 때부터 국어, 수학, 영어의 기초를 다지는 것은 아무리 강조해도 지나치지 않습니다. 딸은 초등학교 때부터 많은 책을 읽었습니다. 독서의 중요성을 몰랐던 부모 아래에서 자랐지만, 엄마와 아빠가 텔레비전을 보고 있을 때조차도 혼자 거실에서 책에 빠져 있었습니다.

아내는 딸이 태어나기 전부터 전집 책을 사 두었습니다. 아이가 책을 읽으며 자라길 바란 것이지요. 그런 바람이 딸에게 전해졌는지, 딸은 초등학교 저학년 때부터 학교 숙제를 다 하고 나면 늘 책을 읽었습니다. 중·고등학생 때에는 일반 성인의 독서량을 넘어설 정도였습니다. 그뿐 아니라 문학과 비문학을 고루 읽으며 사고의 폭을 넓혔습니다. 그 덕분인지 딸은 고등학교를 졸업할 때까지 우등생이었습니다. 반면, 책 읽기를 싫어하던 아들은 고등학교를 졸업할 때까지 '열등생' 타이틀을 가졌습니다.

수학을 제외한 다른 과목은 뒤처지더라도 주로 암기와 이해를 바탕으로 하기에 중·고등학교 때 공부해도 마음만 먹으면 따라잡을 수 있습니다. 하지만 수학은 기초를 쌓아 두지 않으면 따라잡기 어렵습니다.

자녀 교육에 대해 아무것도 모르던 시절, 아이들 영어 공부를 위해 제가 선택한 방법은 1년간 뉴질랜드로의 유학이었습니다. 물론 앞서 이야기한 대로 우리나라 입시 영어에 새로이 적응해야 했고, 개방된 외국 문화와는 다른 수업 분위기로 인해 아이는 한동안 방황을 했지만, 결과적으로 1년간의 어학연수는 영어의 기본기를 다져놓는 계기가 되었습니다.

공부를 좋아하지 않는 아이들이었지만 초등학교 때부터 영어, 수학의 기초를 단단히 다졌기에 뒤늦게 시작한 공부에서 각자 자신의 목표를 달성할 수 있었다고 자부합니다. 그래서 누군가 아이들의 성공 요인을 묻는다면 영어와 수학, 독서를 놓지 않은 것이라고 말합니다.

중·고등학교 학생 중 대부분 영어와 수학을 포기하는 '영포자' '수포자'가 많습니다. 학원에 보내는 부모도 아이의 이런 상태를 감지

하기 어렵습니다. 학원만 보내면 잘할 거라고 믿는 것입니다. 부모의 권유로 다니긴 하지만, 실제로 학원에서 아이 성적을 올려 주지 않습니다. 공부는 오로지 아이 자신의 의지가 뒷받침되어야만 가능한 일입니다. 효율적인 학습 방법, 뛰어난 선생님도 아이가 배우겠다는 의지가 없으면 무용지물입니다.

공부하기 싫어하는 자녀 문제로 고민하는 부모라면, 지금 이 자리에서 끝장을 보겠다고 자녀와 씨름하기보다 멀리 보고 아이를 달래야 합니다. 혼내거나 강제로 통제하는 방법 외 회유와 설득의 자세가 필요합니다.

저도 아들을 설득하여 공부하게 하는 과정이 6개월 정도 걸렸습니다. 아들은 고등학교를 졸업할 때까지 학원은 다녔지만, 당시 자신의 의지로 공부한 것은 아니었습니다. 어디 그뿐인가요. 아들이 담배를 끊게 하려고 심하게 야단을 치기도 했고, 술을 못 마시게 하려고 파출소에 신고도 해 봤지만, 소용이 없었습니다. 대학에 입학하고 아들에게 그때 왜 그랬냐고 물으니, 당시는 어떤 말도 귀에 들어오지 않았다고 하더군요. 많은 날, 많은 이야기를 했지만 모두 다 바람처럼 흔적도 없이 사라진 것입니다. 아들과 저의 마음에 상처만 남았을 뿐이지요.

엇나가는 자녀를 바로 서게 하려면 일정 시간이 필요합니다. "그렇게 말썽만 부리던 아이를 어떻게 공부시켰냐"고 주변 사람들이 의아해할 때마다 저는 "아이가 놀려고 발버둥 칠 때는 잠시 그냥 둬야 한다"라고 답합니다. 부모가 무슨 말을 해도 들리지 않을 거라고, 잔소리도 받아들일 마음이 있을 때 효과를 내니 여유를 가지라고 조언합니다. 하지만 마냥 한정 없이 그냥 두지 말고 최소한의 공부, 나중에 뒤쫓아가기 쉽도록 준비해야 할 과목인 수학과 영어, 독서만 잡고 가라고 합니다.

차선책으로 또 다른 루트를 마련하라

의대 학사 편입을 준비하는 막바지 시점에 아들은 졸업과 편입이라는 두 가지 목표를 위해 하루 3~4시간 자면서 공부했습니다. "밥은 먹고 공부하니?" 물어보면 "시간이 없어 아침부터 한 끼도 못 먹었어"라고 답했습니다. 밤 10시쯤 겨우 한 끼만 챙겨 먹는다는 것입니다. "이 힘든 공부를 꼭 해야 하나?" 하고 물으면, "괜찮으니 걱정하지 말라"며 오히려 저를 위로했습니다.

이런 노력이 가능했던 이유는 목표를 본인 스스로 선택했기 때문입니다. 성공하면 좋은 점, 도전의 필요성을 알고 자신이 꿈꾸는 일에 도전하는 것입니다. 부모가 조언했지만 그저 밥상에 숟가락을 얹어 주는 정도일 뿐, 정작 밥을 먹을지 말지를 결정하고 숟가락을 들어 행동으로 옮기는 일은 자신이 해야 합니다.

<u>스스로 정한 목표를 향한 도전이라야 자신의 한계를 뛰어넘는 노력이 발휘됩니다.</u> 부모의 강요 때문에 하는 공부는 자기 의지가 반영되지 않은 결정이기에 책임지려고 하지 않습니다. 그래서 수없이 흔들리고 중도에 포기하기 쉽습니다.

아이가 목표를 정하고 뛸 때, 부모는 무엇을 준비해야 할까요? 아이가 잘하고 있는지 감시해야 할까요? 간식이나 밥을 챙겨 주는 것으로 만족하면 될까요? 저는 여기서 조심스럽게 한 가지를 제안하고 싶습니다. 바로 차선책을 마련해 두라는 것입니다. 아이가 노력하고 있는데 무슨 말이냐고 한마디 하고 싶은 심정이 될 수도 있습니다. 하지만 아이가 노력하고 있기에 부모가 더욱 대비해야 하는 게 차선책입니다.

지금 아이가 노력하는 길에서 최상의 결과를 끌어내면 물론 좋지요. 하지만 만에 하나, 자칫 새로운 장애물, 생각지도 못한 난관을 만나 그간의 노력이 물거품이 될 위기에 처한다면 어떻게 해야 할까요? 이런 때를 대비해 차선책도 마련하고 아이들과 공유해야 합니다. 아이가 자신의 상황을 냉정하고 객관적으로 알고 있어야 안심하고 공부에 매진할 수 있습니다. 차선책이 마음에 들지 않으면 그곳에 이르지 않으려고 공부에 열정을 더 쏟을 것입니다.

아들은 의대 편입을 준비할 때 그토록 싫어하는 실내건축학과 대신 화공생명공학과 복수 전공 자격을 취득했기에 장래에 대한 두려움 없이 공부에 집중할 수 있었습니다. 차선책이 없는 공부를 한다면 '배수의 진'을 치고 정진해야 합니다. 하지만 공부 과정에서 자신의 불확실한 미래에 대한 두려움과 복잡한 마음으로 집중하지 못하는 문제가 발생할 수 있습니다.

저는 의대 편입에 필요한 모든 성적이 오르지 않아 아들에게 화공생명공학과 복수 전공을 준비하게 했습니다. 아들이 대학교를 졸업하는 시점에는 어쩔 수 없이 '배수의 진'을 쳤지요. 아들에게 대학 졸업 후 입대할 것인지, 의대에 합격한 뒤 공부할 것인지 선택하라고 했습니다. 반은 협박이었지만 혹시 최초 목표를 달성하지 못하더라도, 실패가 아닌 또 다른 성공을 준비한 것입니다. 딸도 SKY 대학원을 준비할 때, 쉽게 입학할 수 있는 또 다른 대학원을 알아보고 준비했습니다.

인간은 아무리 노력해도 완벽할 수는 없습니다. 아무리 잘 대비해도 실수하고 실패하기 마련입니다. 따라서 플랜 B를 미리 계획하고 준비해야 합니다. 상황에 따라 플랜 C도 마련해 두면 좋습니다.

함께 가야 긴 터널을 통과할 수 있다

자녀의 일정을 체크하고, 매년 조금씩 바뀌는 입시 정보를 제공할 사람이 필요합니다. 아이가 편히 공부에 매진하도록 부모가 주변 상황을 꼼꼼히 확인해 알려 주면 아이는 오로지 공부에 집중할 수 있습니다. 아이가 혼자서 모든 정보를 챙기고 일정에 맞춰 준비하기란 벅찬 일입니다. 공부에 집중할 때는 학사 일정 등 기본적인 것들도 놓치고 지나기도 합니다. 그러므로 부모는 마치 이인삼각 경기처럼 아이와 발목을 묶고 한 팀으로 움직여야 합니다.

아이가 재수하는 1년이나 목표를 향해 공부하는 2~3년, 큰 목표를 향해 나아가는 과정에서 부모는 장기간 아이의 목표에 주파수를 맞춰야 합니다. 옆에서 아이와 호흡을 맞춰 뛰면 자녀의 상황을 파악하기 쉽고, 혹시 실패하는 경우가 발생하더라도 어려움에 함께 대처할 수 있습니다. 지혜를 모으고 경험을 보태 난관을 쉽게 극복할 수도 있습니다. 자녀가 알지 못하는 입시 정보를 하나씩 알려 주면, 자녀에게 힘이 됩니다. 자녀의 상황을 전혀 모르고 있다가 실패한 결과를 받아 들고 당황하는 부모가 되기보다는, 결과를 예측하고 미리 대안을 마련하는 부모가 되는 게 낫지 않을까요. 아이에게는 처음 가 보는 길이지만, 부모는 이미 지나온 길이기도 하니까요.

'게임 만렙' 전교 꼴찌
명문대 입학기

"부모의 역할은 아이를 좌절로부터 보호하는 것이 아니라, 좌절을 견뎌

낼 힘을 키워 주는 것이다."

• 앤절라 더크워스Angela Duckworth, 미국 심리학자

아들이 의대에 편입하고 2년이 지날 무렵, 평소 알고 지내던 회사 선배 아들이 고등학교 2학년 때 공부를 포기한 사연을 듣게 되었습니다. 선배는 아들을 혼내기도 하고 같이 여행을 다니기도 하면서 설득했지만, 결국 학교에 안 가겠다는 아이의 마음을 돌릴 수 없었다고 합니다. 그나마 3학년 때 산업 현장 실습으로 출석을 인정받

아 고등학교는 졸업했습니다. 선배는 속상해하며 아이의 성장 과정을 들려줬습니다.

중학교 수학책을 다시 펼쳐 든 '게임 만렙'

선배 부부가 맞벌이하느라, 아이는 할아버지 할머니 손에서 자랐습니다. 조부모는 아이가 초등학생 때 학습지로 가르쳤고, 중학생 때부터 학원에 보냈습니다. 선배도 그런 과정에 아무런 문제가 없다고 생각했습니다. 아들이 고등학교를 포기하겠다고 말할 때까지 언젠가는 공부할 것으로 믿었다고 했습니다. 아이가 중학교 때 "공부 재미없어"라고 말했는데 아이라면 누구나 한 번쯤 하는 투정으로 받아들였습니다. 그러면서 '고등학생이 되면 공부하겠지'라고 생각했다고 합니다. 발등에 불 떨어지면 공부 안 할 학생이 없다고 생각한 것입니다.

아들은 사춘기가 되자 반항하기 시작했고 급기야 통제할 수 없는 상황에 이르렀습니다. 선배는 아들과 함께 캠핑과 등산을 하면서 소통할 방법을 찾았습니다. 산에 갈 때 아들은 정상까지 등반하는 것을 거부했지만, 한계 상황을 극복해야 한다는 것을 알려 주기 위해 어르고 달래서 정상까지 완등하기도 했습니다. 캠핑에서 '알까기'와 '체스'도 하는 등 아들과 대화하려고 온갖 노력을 다했습니다.

하지만 아들은 이내 싫증 내며 스마트폰 게임으로 시간을 보냈습니다. 캠핑에서 돌아오던 날도 친구와 게임 한다며 피시방 앞에 내려 달라고 했습니다.

어느 날, 아들이 종합반 학원에 등록해 달라고 요청했습니다. 선배는 드디어 아들이 공부하기로 결심했구나 하고 안심했습니다. 그러나 나중에 알아보니 게임을 같이 하던 친구들이 모두 종합반 학원에 등록해서 자기도 등록했다는 것입니다. 학원은 단지 친구들과 만나기 위한 장소일 뿐이었습니다.

학생들 대부분 학원에 다니며 공부합니다. 보충이 필요하고 심화 과정을 배우기 위해서, 혹은 혼자서는 안 되는 공부를 누군가의 도움으로 해결하기 위해서지요. 하지만 아이의 진심은 전혀 다른 데에 있을 수 있습니다. 부모 모르게 엉뚱한 목적을 위한 수단으로 학원과 독서실에 가는 경우가 많습니다. 자녀와 깊이 있게 대화하지 않으면 알 수 없는 일입니다. 제 아들도 부모의 통제를 벗어나 자유롭게 놀기 위해 독서실로 향했습니다. 독서실에 간 아들이 공부를 잘하고 있는지 여러 번 확인했지만, 딱 한 번 자리에 있는 것을 보았을 뿐입니다.

선배는 아들이 종합반에 등록한 이후로 더 이상 공부를 고민하지 않았습니다. 중학교를 졸업하고 고등학생이 되어도 여전히 공부하

지 않는 아들의 태도에 화가 치밀었지만, 학원에는 잘 다니고 있으
니 대학은 가겠거니 믿었습니다. 하지만 선배는 아들이 고등학교 2
학년 때, 더 이상 공부로는 승산이 없다고 판단했습니다. 아이 또한
빨리 일을 해서 돈을 벌고 싶다고 부모를 졸랐습니다. 학교와 상의
끝에 아이는 산업 현장으로 실습을 나갔습니다. 결국 선배는 공부
에는 미련을 접고, 아들이 큰 사고 없이 고등학교를 졸업하길 바랐
습니다.

선배는 아이의 중학교 성적표를 한 번도 보지 않았다고 후회하듯
털어놓았습니다. 아이 교육에 너무 신경을 안 쓴 것이 맞습니다. 물
론 성적표를 안 봐도 알아서 잘하는 아이도 있지만, 한 번만이라도
성적표를 봤다면 어떤 대책을 세우지 않았을까요? 단언컨대 성장기
에 부모가 잠시만 신경을 안 쓰면 아이는 딴 길로 빠집니다. 게임이
나 놀이, 스마트폰 등 세상에는 아이를 유혹하는 것이 너무도 많습
니다.

학교에 안 가려는 아들을 설득하던 선배는 최후의 수단으로 식탁
의자를 들고 "4층에서 뛰어내릴래? 아니면 나한테 죽도록 맞을래?"
하며 해서는 안 될 말도 했답니다. 하지만 이런 일이 선배 가정에만
있는 특별한 일은 아닐 겁니다. 저 역시 아들이 사춘기 때, 더는 설
득이 안 되어 집을 나가라고 한 적도 있으니까요. 공부 안 하는 아이

의 앞날이 캄캄해서, 부모가 공부를 대신해 줄 수 없어 답답한 마음에 그랬던 것이지요. 이렇듯 공부 안 하는 아이를 대하는 부모의 태도는 별 차이가 없습니다.

그런데 뜻밖의 상황에서 아이의 마음속에 변화의 씨앗이 싹트기 시작했습니다. 중학교 때부터 공부를 포기했던 선배 아들은 지방의 전문대학교 재학 중 전산 특기병으로 입대했습니다. 그런데 군대에서 후배 병사가 명문 대학교에 다닌다는 사실을 알고 내심 부러움과 반성하는 마음을 갖고 제대했습니다. 전문대학교에 복학해 공부하던 중, 아빠의 편입 권유에 마음이 흔들렸습니다. 제 아들의 의대 편입 사실을 전해 듣고, 자신도 가능하다는 희망을 품게 된 것이지요.

선배가 아들에게 전했던 핵심 메시지는 '하면 된다는 확신'이었습니다. 물론 처음 선배가 아들에게 편입학을 제안했을 때는 거부했다고 합니다. 그래도 포기하지 않고 지방 대학교라도 편입하면 서울에 있는 대학원에 갈 수 있다고 설득했고, 선배의 아들은 마침내 편입을 결심했습니다. 중학교부터 공부에서 손을 놓았으니 영어, 수학의 기초부터 시작해야 하는 상황임에도 통 크게 작심한 것입니다. 저는 그 소식을 듣고 선배에게 이제 시작했으니 이미 50% 성공한 거나 다름없다며 힘을 북돋아 주었습니다.

선배 아들은 군대 가기 전, 고등학교 3학년 성적이 반영 안 되는

2년제 전문대 컴퓨터 관련 학과를 다녔습니다. 그러나 제대할 무렵 다니던 전문대가 3년제로 전환되어, 복학 후 1년 반을 더 다녔습니다.

2022년 당시 게임 회사 개발자 연봉을 파격적으로 인상하는 등 IT 관련 전공자가 귀한 시기였습니다. 대학에서도 IT 관련 전공자 편입생을 최대로 늘렸지요. 게다가 의대 광풍으로 상위권 대학의 편입생 수가 늘면서 연쇄 반응을 일으키는 상황이었습니다.

두 번의 실패, 그리고 세 번째 퀘스트에 도전!

이공계 편입은 대부분 영어와 수학으로 평가합니다. 그 성적에 따라 당락이 결정되지요. 선배 아들은 중학교부터 공부를 포기했기에 학원에서 중학교 수학부터 시작했습니다. 선배 아들의 수학 실력은 기초부터 다시 해야 하는 수준이었습니다. 어느 날 아들이 0.1×0.1, 즉 0.1의 제곱이 0.01이라는 것을 어떻게 암산으로 할 수 있냐고 선배에게 물었다고 합니다. 그 정도로 수학의 기초가 없는 상태였습니다.

저는 선배 아들이 편입을 준비하는 동안 컨설팅을 진행했습니다. 선배도 스스럼없이 아들의 공부 과정을 이야기하고, 시험을 보면 그 결과도 알려 주었습니다. 전문대에 다니면서 준비한 끝에 여러 대학의 편입학 시험에 응시했습니다. 하지만 안타깝게도 모두 떨어졌습니다. 선배는 아들이 아직 제대로 공부를 안 했기에 차라리 잘 되었다고 생각했습니다. 중학교 때부터 꼴찌인 학생이 단기간에 성적을 올리기 쉽지 않았다면서 아들에게 최소 1년간 기초를 다지고, 본격적으로 준비하자고 권했다는 것입니다. 상위권으로 성적을 올릴 물리적인 시간이 필요한 게 분명한 상황이었습니다.

선배의 지원이 주효했는지 아들의 편입 준비 첫해 중위권이던 수학 성적이 두 번째 해에는 학원에서 상위 10% 수준으로 올랐습니다. 영어 성적도 올랐지만, 수학만큼 상승하지 못했습니다.

선배 아들은 두 번째 해에 국가평생교육진흥원에서 주관하는 학점은행제를 통해 4년제 대학 졸업 자격을 갖췄습니다. 그 자격으로 일반 편입보다 다소 수월한 학사 편입을 일부 지원했습니다. 학사 편입이 일반 편입보다 다소 유리하다고 판단한 것입니다. 하지만 불행히도 두 번째 해에도 편입에 실패했습니다. 선배가 분석한 실패 원인은 수학 성적이 상위권으로 올라왔지만, 영어 성적이 부족하다는 것이었습니다.

두 번째 실패로 며칠 방황하고 고민하던 선배의 아들은 마지막으로 1년을 더 공부하기로 결심했습니다. 아이들이 공부하겠다고 결심하면 50%는 성공한다고 말할 수 있지만, 그 후로도 무수히 많은 난관을 극복해야 가능한 일입니다.

선배 아들은 첫해 수학 성적이 너무 안 올라 공부하던 중반에 문과 전환을 고민했습니다. 가족회의까지 거치며 이과에 남았고 어렵게 그 시기를 극복해서 두 번째 해에는 영어보다 수학 성적이 더 크게 올랐습니다. 오히려 수학을 전공하고 싶다고 말할 정도로 1년 6개월 만에 최하위권이던 수학 성적을 상위권으로 올려놨습니다. 하지만 수학에 집중한 나머지 영어 성적이 저조해 1년이란 시간을 더 투자하게 되었습니다. 그리고 1년 동안 영어 공부에 집중해, 중·고등학교 때 못했던 수학과 영어를 모두 상위권 수준으로 올려놓은 뒤 한양대 공대에 편입했습니다. 전문대학교를 졸업하고 편입학에 성공하기까지 2년이 소요된 셈입니다.

공부는 편입 전문 학원의 과정에 따라 했지만, 선배는 매일 아침, 저녁 학원에 차를 태워 주면서 힘든 이야기 들어주고 응원해 주었습니다. 편입 수요가 있는 많은 대학의 입시 요강, 대학별 세부 일정, 학교별 장단점을 분석하고 최종 협의는 아들과 했다고 하더군요. 시험 일정이 오전과 오후로 나눠지면 시험 칠 수 있는 거리까지 계산하고 같이 뛰었습니다.

전교 꼴찌의 명문대 입성, '점프 업' 로드맵 완성

저는 딸과 아들이 도전에 성공한 뒤 나름의 성공 법칙을 찾을 수 있었습니다. 부모와 자녀가 함께 결심하고 도전하면 성공한다는 사실입니다. 그러나 처음 선배에게 말했을 때 아이의 상황을 전혀 알 수 없었습니다. 중학교 때부터 공부를 포기했다면 편입 자체를 언급 안 했을지 모릅니다. '기초가 없는 상태에서 시작할 수 있을까' 하는 의구심과 '혹시 말했다가 안 되면 그 시간을 내가 어찌 보상하겠는가'라는 염려가 복합적으로 작용했겠지요. 선배가 내 탓을 할 수 있는 문제니 수많은 고려가 계산되었을 것입니다.

하지만 그때 저는 자신이 있었습니다. 선배가 아들과 팀워크를 이루면 '점프 업' 할 수 있다고 믿었습니다. 지금에 와서 결과를 보니 무식하면 용감하다고 밑도 끝도 없이 밀어붙인 게 잘한 일이었습니다. 부모와 아이가 하나의 목표를 향해 혼연일체가 되면 불가능한 일이 없다는 것을 다시 한번 증명한 셈이니까요.

공부 안 하던 아이가 '점프 업' 하는 과정을 요약하면 네 단계로 정리할 수 있습니다. 첫째, 부모가 먼저 결심합니다. 둘째, 자녀가 결심합니다. 셋째, 자녀가 열심히 공부합니다. 넷째, 부모가 같이 노력합니다. 부모는 자녀가 결심하는 과정에서 적극적으로 '할 수 있다'라는 자신감을 심어 줘야 합니다. 그리고 구체적인 공부법을 제시해야 합니다. 선배는 아들이 군대에서 만난 명문대생 후배 병사를 부러워하는 모습에서 아이의 욕구를 느꼈다고 합니다. 그때 아들이 이제 '공부할 때'가 되었다는 사실을 알아챘다는 것입니다.

아이가 공부하려고 손에 책을 들었다면 부모가 세심하게 챙겨야 할 부분이 많습니다. 자녀가 공부를 잘 하고 있는지 챙겨야 하고, 혹시 옆길로 가지 않는지 확인해야 합니다. 아들이 의대 편입을 준비할 때, 공부를 집중해서 제대로 하고 있는지 챙기는 것이 힘들었습니다. 일단 집에서 나가 별도 공간을 얻어 공부했기에 눈으로 확인할 길이 없었습니다.

그러나 아이가 어떻게 지내는지 알 방법은 있습니다. 바로 카드 사용 내역이죠. 아들이 어디서 결제하는지 확인만 해도 어떻게 지내는지 한눈에 알 수 있습니다. 당구장에서 결제하면 놀고 있는 것이고, 아침 학교 커피숍에서 결제하면 도서관에서 공부한다는 걸 알 수 있으니 말입니다. 물론 친구를 만날 수도 있지만, 결제 내역을 보면 혼자 갔는지 누구와 함께 갔는지 짐작할 수 있습니다. 아들의 용돈 카드는 확인할 수 없었고 비상용으로 준 '엄카'만 가끔 확인했습니다.

또 가끔은 SNS나 문자 메시지로 묻기도 했습니다. 다만 아이가 감시당하고 있다는 느낌이 안 들도록 조심해서 물어야 합니다. 대뜸 '어디야?'라고 질문하면, 아이는 자신을 믿지 못하는 것으로 여기고 대꾸도 안 할 때가 있습니다. 공부하다 보면 신경이 예민해지므로 사소한 물음에도 신경질적인 반응이 돌아오지요. 그때 예민하게 받아치면 아이와 갈등이 생깁니다. 그리고 그 갈등은 자주 만나지 않고 대화를 못 하니 오래 갑니다. 그럴 때는 가능한 아이 성격과 일정에 맞춰 조심스럽게 연락하는 것이 좋습니다.

선배의 아들은 중독 대상을 게임에서 공부로 바꾼 것이 유효한 성과를 낸 케이스입니다. 빠져나오기 힘들 만큼 무언가에 몰입해 봤다는 것은, 집중력과 열정이 있다는 증거입니다. 게임을 해 본 사람은 알겠지만, 정신력과 에너지가 많이 소모됩니다. 컵라면 먹고 화장실 가는 것만 빼면, 24시간을 거뜬히 버텨낼 수 있어야 합니다. 그 힘이 공부에 꽂히면 엄청난 괴력을 발휘합니다.

습관이 되면 뭐든 저절로 진행됩니다. '저절로'라는 표현은 좀 과장된 듯하지만, 부모가 지시하거나 명령하지 않아도 스스로 하게 된다는 의미입니다. 공부하는 것이 습관화되면 생각보다 힘들지 않습니다. 하루 2시간 공부하는 습관을 들인 학생이 하루 5시간 공부하기는 힘들지만, 습관화될 때까지만 힘들지 습관화되면 그럭저럭 잘 해냅니다.

24시간을 책상에 앉아 버티는 능력을 지닌 학생이 공부하기 시작하면 성적은 순식간에 오릅니다. 오래 앉아 있는 습관이 형성되었기 때문입니다. 또한 성적 올리기를 게임에서 레벨 올리는 승부처럼 즐길 수도 있습니다. 그러므로 아이가 게임 중독이라면 남들이 갖지 못한 좋은 습관이 있다고 생각하세요. 선배 아들은 편입 공부하는 동안 엉덩이에 두 번이나 종기가 생겨 고생했다고 합니다. 이 정도로 공부하면 어떤 일을 맡아도 성공합니다.

"습관은 제2의 천성이다. 제2의 천성은 제1의 천성을 지배한다"라는 말이 있습니다. 좋은 습관을 기르면 성공적인 삶을 살 수 있습니다. 학생이 공부하는 습관을 기르면 좋은 대학에 가는 것은 당연한 일이지요.

대부분 공부가 습관화되는 과정에서 중도 포기합니다. 1등을 하던 학생이 늘 1등을 하는 이유도 1등 습관이 몸에 배어 있기 때문으로 추측할 수 있습니다. 이처럼 공부를 습관의 관점으로 접근해서 몸에 익히면 고되다는 생각이 들기보다는 즐길 수 있습니다.

편입학 제도로 전문대생이 명문대에 진학할 수 있었던 <u>첫 번째 요인은 스스로 변화하고자 결심했기 때문입니다.</u> 사적 자유가 제한된 군대에서 명문대생 병사와 한 내무반에서 지내며 심적으로 나도 저렇게 되고 싶다는 욕망을 가진 것입니다. 이 욕망은 자신에게 기회가 왔을 때 그냥 보내지 않고 움켜쥐게 합니다. 그래서 욕망을 품은 자가 도전하고 성공을 쟁취하게 됩니다.

두 번째 요인은 자신과 비슷한 처지의 학생이 명문대를 거쳐 의대에 입학한 사례를 접했기 때문입니다. 그것이 나도 할 수 있다는 자신감을 심어 준 것입니다. 공부를 멀리하던 아이에게 원래 공부를 잘한 아이, 부모님의 지적 능력이 높은 아이와 자신은 비교 대상이 아닙니다. 그래서 '엄친아' 이야기에 민감하게 반응하고 반항하는 것입니다. 그러나 비슷한 상황과 처지의 아이가 도전에 성공했다면 그제야 '나도 해 볼까?'라는 생각이 들기 마련입니다. 도전은 두렵지만 비슷한 누군가 해냈다면 자신에게도 가능성이 있다고 판단하기 때문입니다.

인생을 살면서 누구나 선뜻 새로운 도전을 감행하기는 두렵습니다. 이제껏 한 번도 도전해 본 적 없는 일이니, 용기를 내기 어려울 수밖에요. 하지만 자퇴를 고민했을 정도로 공부를 포기했던 학생이 노력하여 성공했다는 생생한 이야기를 듣고, 공부에 자신감을 가질 수 있었을 것입니다.

세 번째 요인은 일반 편입을 공부하는 동안, 좀 더 쉬운 학사 편입을 알게 되었기 때문입니다. 미리 알고 준비한 것이 아니라, 발로 뛰면서 생각한 것입니다. 일반 편입과 학사 편입은 경쟁률 측면에서는 별 차이가 없지만, 학사 편입은 대학교를 졸업한 학생들이 지원하는 과정으로 일반 편입보다 시험공부를 다소 적게 한 학생들이 도전합니다. 직장에 다니다가 지원하는 학생도 있고, 대체로 공부할 여건을 갖추지 못한 학생들도 있습니다.

네 번째 요인은 응원하고 적극적으로 지원하는 부모가 있었기 때문입니다. 『수학 잘하는 아이, 수학도 잘하는 아이』를 쓴 수학 교육가 오선영 저자는 20년 넘게 교육 현장에서 접한 경험을 토대로 이렇게 말합니다.

"아이가 절망적인 상황에 놓였을 때 일으켜 세워 줄 수 있는 어른이 되는 것은 준비가 없으면 불가능하다. 아이에게 도움이 절실히 필요할 때 부모가 건넨 격려의 말 한마디는 아이를 단번에 움직이게 할 만큼 강력하기 때문이다. 부모가 굳은 심지로 흔들리지 않으면 아이도 의연해진다."

편입학 성공 요인을 크게 네 가지로 나눴지만, 위에서 언급한 요인보다 더 중요한 핵심은 당연히 본인의 치열한 노력입니다. 본인이 2년 6개월간 영어와 수학 공부를 중학생 수준에서부터 대학생 수준까지 끌어올린 노력이 빚은 성과였습니다. 자신의 상황을 정확히 알고, 중학교 과정을 시작점으로 잡았기 때문에 성공할 수 있었습니다. 아무리 급해도 '바늘허리에 실 매어 쓸까'라는 속담을 떠올려 볼 필요가 있습니다.

'점프 업'한 경험이
아이 인생을 바꾼다

. . . . .

아이가 공부하지 않을 때 부모는 먼저 아이에게서 원인을 찾으려 합니다. 풀던 문제집을 훑어보고, 학원 탐색에 들어가지요. 더 나아가 공부 코칭을 받기 위해 학습 코칭센터 문을 두드리기도 합니다. 부모가 발품을 판 만큼 아이도 이에 부응하리라 믿지만, 가당치도 않은 소리입니다. 아이는 오히려 문을 걸어 잠그고 방에서 나오지 않습니다. 부모의 전화는 언제나 수신 거절 상태입니다. 아이가 공부하지 않을 때, 부모의 잔소리를 듣는 아이의 눈빛이 달라졌을 때, 문을 걸어 잠글 때 부모 자신부터 돌아보길 권합니다. 공부가 싫어지는 순간은 모든 아이에게 찾아옵니다. 이때 부모와 자녀 사이에 높은 담을 쌓을지, 관계를 회복하는 절호의 기회로 삼을지는 부모에게 달렸습니다.

아이를 단단하게 만드는 부모의 '쿨'한 피드백

"대화는 한 생명체가 인간으로 거듭나는 데 엄청난 영향을 끼친다. 대화가 없다면 아이는 인간으로 살아갈 수 없다고 해도 과언이 아닐 정도다."

• 신의진, 소아정신건강의학과 전문의

우리는 막다른 골목에 들어서면 뒤를 돌아봅니다.

'어쩌다 여기로 왔을까?'

'어디서부터 잘못 들어섰을까?'

'어디로 가야 할까?'

아들과 음악학원에서 테스트를 받고 나오던 길에 돌아보니, 전에 살았던 아파트가 보이고 길가에 아카시아꽃이 피어 있었습니다. 그곳에 살 때는 아카시아 나무가 있었는지 알지 못했습니다. 매일 지나다니던 길이었는데 왜 몰랐을까요? 기억을 더듬어 봐도, 향긋한 향을 맡아 본 기억이 전혀 없더군요. 분명 저 나무는 제가 살기 전부터 있었고, 이사 간 뒤에도 그 자리를 지키고 있는데 말입니다. 그렇게 생각을 정리하다 보니 세상에는 내가 한 발짝 물러섰을 때 더 잘 보이는 것들이 있다는 생각이 들더군요. 사물은 물론이고 꽃과 구름과 바람과 사람까지.

공부 안 하는 아이를 둔 부모의 오직 한 가지 바람은 '아이가 공부를 잘하는 것'입니다. 하지만 그것이 개인적 바람에 그칠 때가 많은 것은 부모가 어떻게 해야 하는지 알지 못하는 상태에서 아이에게 공부를 권하기 때문입니다. 나름대로 공부법을 주위에 물어 아이에게 제시하지만, 아이가 호응하지 않는다면 실망이 이만저만이 아닙니다. 그래서 어느 부모는 아이보다 먼저 공부를 포기합니다.

그러나 돌이켜보면 '점프 업' 교육법은 부모의 반성이 먼저입니다. 제가 아이 공부에 관해 한 노력은 다른 부모와 비슷하거나 어쩌면 부족한 수준인지도 모릅니다. 하지만 결과적으로는 아이들이 의대와 명문대에 입학했습니다. 이를 아는 예민한 딸이 "아빠는 벼락치기로 아이들을 케어했어"라고 정확히 짚어 주더군요. 딸이 말한

벼락치기는 평소 아이들 교육에 관여하지 않고 있다가 완전히 포기할 상황이 되었을 때, 다급하게 관여했다는 뜻입니다. 아이들이 공부를 포기하느냐 계속하느냐 절박한 상황이 되어, 한번 시도해 보자는 심정으로 교육에 관여했으니 그런 말을 들어도 항변할 수 없습니다.

어려운 상황임을 깨닫고 아이 공부에 뛰어든 만큼 저는 잘못을 빠르게 인정하고 반성했습니다. 우선 아이들을 대하는 태도가 달라졌고, 따뜻한 눈빛으로 대화를 유도했습니다. 그러자 아이들이 저의 진심을 받아들였습니다.

아이와 대화할 때는 한 발짝 떨어져서 '쿨하게', 하지만 마음을 세심하게 이해하고 터치해 주는 따뜻한 피드백이 필요합니다. 여기서 아이의 마음을 열어 주고, 더 단단한 태도로 인생을 살게 해 줄 몇 가지 피드백을 소개하겠습니다.

'쿨'한 피드백 ①
"나도 네 나이 때 공부하기 싫었어"

●

부모가 자신의 태도나 잘못을 인정하지 않은 상태에서 대화하려 들면, 아이들은 귀 기울여 듣지 않습니다. 부모는 친구만큼 자신의 마음을 이해해 주지 못한다고 생각하기 때문입니다. 그래서 친구에게는 감추고 싶은 비밀이나 말 못 할 고민까지 털어놓습니다. 그러면 친구는 자기 일처럼 걱정하고 위로해 줍니다.

대부분의 부모는 아이 마음을 이해하기보다 먼저 가르치려 들거나 잘잘못을 따지는 데 급급합니다. 행동의 결과만을 가지고 혼내기도 합니다. 부모와 자녀의 관계가 이렇다 보니 공부가 고민인 아이가 부모에게 도움을 요청할 리 만무하지요. 가능한 부모와 마주칠 기회 자체를 최소화합니다.

이러한 상황을 만들지 않으려면, 부모가 먼저 아이를 대하는 태도를 되짚어 봐야 합니다. 아이가 친구처럼 친근하게 고민을 털어놓을 수 있도록, 공부에 대한 자기 생각을 솔직히 드러낼 수 있도록 아이의 편이 되어 주어야 합니다. 결국 친구처럼 따뜻하고 다정한 말투로 이해해 준다면, 아이들도 거부감 없이 받아들일 수 있습니다.

아이가 게으르고, 공부하기 싫어하고, 공부 안 하는 원인을 되짚어 올라가다 보면 부모 어릴 적 모습과 똑 닮았습니다. 그런데도 열심히 하지 않는 원인을 모두 아이 탓으로 돌립니다. 그러기에 아이가 반항하고 저항하고 공부에서 손을 놓아 버립니다.

공부 안 하는 아이를 둔 부모에게 먼저 자신의 잘못을 인정하고 반성해야 한다고 말하면 쉽게 인정하지 않습니다. 부모가 아이에게 공부 잘하라고 훈계하고 종용하는 건데 왜 부모의 잘못을 먼저 이야기하냐는 것이지요. 그러기에 공부를 제대로 시켜 보기도 전에 아이와 부모 사이에 파열음이 나고 관계가 틀어집니다. 그 결과 공부도 거기서 중단되는 경우가 많습니다.

자기 잘못이 없다고 주장하는 부모를 만나면 저는 더 이상 아이 공부를 권하지 않습니다. 아이가 스스로 깨닫고 공부하는 것 외에는 다른 방법이나 가능성이 없기 때문입니다. 아이가 "나 공부하기 싫어!"라고 말할 때 "응 그래, 나도 네 나이 때 공부하기 싫었어"라고 부모 스스로 인정한 뒤 대화를 시작하면 자연스럽게 공부를 유도할 수 있는데도 이를 거부하는 사람에게 아이의 인격적 대우와 공부를 언급한들 무슨 소용이겠습니까.

상대의 주장을 인정하고 대화하는 것과 무시하거나 신뢰하지 않는 마음으로 대화하는 것에는 많은 차이가 있습니다. 일단 인정하고 경청하면 상대는 반론을 준비하지 않지만, 자신의 의견이 받아들여지지 않으면 반론부터 준비합니다. 예를 들어 아이가 "공부하기 싫어!"라고 말할 때 다짜고짜 "왜 싫어!"라고 소리치면 아이가 무슨 생각을 할까요? 없는 사실도 만들어 가면서 자신의 주장을 합리화할 것입니다. 반면 부모가 잘못을 인정하고 "응, 나도 네 나이 때 공부하기 싫었어"라고 대꾸한다면 아이 마음에 어떤 심리 작용이 일어날까요? 반론을 준비할 필요도 없지 않을까요? 이렇게 자녀의 감정을 이해하고 대화하면 공부하기 싫은 이유와 공부할 방법을 같이 찾을 수 있습니다. 그러므로 부모가 자기 잘못을 인정하는 것이 자녀 교육의 첫걸음입니다.

'쿨'한 피드백 ②
"널 믿고 기다릴게"

자녀가 뚜렷한 이유 없이 공부하기 싫어하면? 아이가 게임에 빠져 밤새도록 게임만 하고 있으면? 사고 쳐서 경찰서에 자주 들락거린다면? 평소에 욱하고 화를 잘 내면? 학교에 가기 싫어하면?

사춘기를 넘어 청소년기로 성장하는 아이를 키우는 부모는 이런저런 상황에서 문제에 직면합니다. 아이들은 경험이 협소하고 아직 삶의 이치를 깨닫지 못한 채 부족한 지식과 폭발적인 호기심으로 나쁜 유혹에 빠지기 쉽습니다. 그만큼 순수하기에 불나방처럼 불길로 뛰어들기도 합니다. 자신이 가는 길에 어떤 어려움이 도사리고 있는지 모른 채 즉흥적으로 행동하거나 무리에 속해 이리저리 휩쓸려 다니기도 합니다.

아들이 자퇴하려고 할 때 부모로서 많은 조언과 주위의 부정적 사례를 들려주었습니다. 하지만 아들은 아무런 말도 들리지 않는 것처럼 행동했습니다. 왜 그랬을까요. 저도 나중에 교육서를 읽고 어렴풋이 이해하게 되었는데 그때 내가 사용했던 언어들이 아들의 관심이나 마음에 가닿을 수 없는 것들이었기 때문입니다. 아들에게 주로 사용했던 단어는 '좋은 대학, 좋은 직장, 잘 사는, 경쟁, 성공' 같은 아무런 의미 없는 말이었습니다.

누구든 먼 미래를 걱정하며 준비하는 일에는 서툽니다. 어른, 아이 할 것 없이 이번 생은 처음이라서 모든 게 어렵고 난해합니다. 더구나 아이는 부모의 입장에서는 너무나 당연하고 뻔한 길을 몸으로 체험하고 넘어갑니다. 이미 그 과정을 지나온 부모는 그런 아이의 모습에서 자신을 봅니다.

인간이 성장하는 과정은 비슷합니다. 그러므로 지금 옆길로 가고 있는 자녀가 있다면 다그치지 말아야 합니다. 부모의 조급함을 버리고 아이의 객관적 상황을 파악하는 게 먼저입니다. 자퇴하려는 아들과 공부를 포기한 딸이 다시 공부할 마음을 먹기까지 부모로서 절박한 마음에 아이들에게 많은 상처를 줬습니다. 어느덧 성인이 되었음에도 그 상처를 안고 사는 모습을 보면서, 치유해 주기 위해 노력하지만 쉽지 않습니다.

아이에게 특별한 문제가 있다면 거기에 집중해야 합니다. 학교에 가기 싫어하는 아이가 있다면, 그 원인부터 찾고 이를 해결하기 위해 노력해야 합니다. 학교에 보내야 하고, 공부도 잘해야 하고, 친구들과 잘 어울려 놀아야 하고 이 모든 걸 한꺼번에 다 풀어낼 수는 없습니다. 우선 학교부터 보내고 잘 적응하면 공부하게 하고, 여유가 생기면 친구들과 어울려 놀게 해야 합니다.

제게는 20년 넘게 친하게 지내는 지인이 있습니다. 이제 환갑을 맞은 지인의 딸은 겨우 중학교 2학년입니다. 안타깝게도 그의 딸은 학교 결석이 잦습니다. 배가 아파서 안 가고, 머리가 아파서 안 가고, 속이 불편해서 못 가기도 합니다. 어렵게 학교에 보내면 여전히 여기저기 아파서 집에 오곤 합니다. 그의 아내가 얼마 전 딸을 데리고 제주도로 이사를 갔습니다. 그는 여러 우려 속에서도 새로운 주거지나 새로운 친구, 새로운 규칙이 아이를 변화시키기를 기대했습니다. 그곳에서 딸이 새로운 마음가짐으로 학교에 적응하기를 바란 것입니다.

하지만 인간은 강한 동기나 지속적인 노력 없이는 변하지 않습니다. 여전히 그의 딸은 등교와 공부 문제로 부모와 갈등을 빚고 있습니다. 저 역시 제 생각보다 늘 늦게 움직이는 아들 때문에 힘들었습니다. 주말농장에 갈 때마다 거름 주고 물만 줘도 상추는 잘 자라는데, 아이들 키우는 것은 누구에게 맡기지도 못하고 참 힘들더군요.

스무 살이 넘은 아들의 진로 문제도 힘들기는 마찬가지입니다. 아들이 의대 편입 시험이 1년 남은 시점에 확인해 보니 그때까지 모의고사를 한 번도 본 적이 없었습니다. 이를 안 저는 전화로 심하게 혼냈습니다. 그렇게 통화하고 종일 마음이 불편했습니다. 분명 아들도 속이 상해 공부에 집중하지 못할 테니까요. 어른도 이토록 흔들리는데 아이는 어떨까 싶었습니다. 당장 업무를 밀쳐 두고 아들에게 SNS로 편지를 썼습니다. 전화로 이야기하면 정화되지 않은 감정 탓에 아들에게 상처만 줄 것 같아 택한 방식인데 제법 효과가 있었습니다. 이 효과를 거울삼아, 그 뒤로도 시험 정보나 일정 관리 전달은 SNS를 이용했습니다.

자녀가 중학생이면 부모는 같이 중학생이 되어야 합니다. 그 시절 자신이 했던 행동과 생각을 떠올려야 합니다. 자녀의 행동과 생각을 이해하지 못한다면, 관련 서적을 참고해 이해하려고 노력해야 합니다. 다양한 노력을 통해 자녀를 이해하게 되면 자녀를 바른길로 인도할 키를 얻게 될 것입니다.

자녀가 성장하여 잘 살기를 바라는 마음으로 조언하려면 자녀의 눈높이에 맞는 언어로 전하세요. 아들이 초등학생이라면 공부하라는 말보다 "수학 100점 맞으면 인싸 될 거야"로 바꾸면 어떨까요?

흔들리는 아이의 마음을 잡을 수만 있다면 제대로 공부시키려는 우리 목표는 완성 단계에 가까워집니다. 물론 목표를 향한 길은 이미 정해져 있는 상태니 이제 공부에 임하는 아이의 마인드만 바꾸면 됩니다. 실행하는 것은 정해진 과정과 일정을 따라가면 됩니다. 어려움은 같이 극복하면 되기 때문에 대부분 할 수 있는 일입니다. 조급함을 버리면 이 모든 게 가능합니다.

'쿨'한 피드백 ③
"네가 하는 그것 재밌더라"

가을이 오면 들판에 곡식이 여물고 앞마당 감나무에 감이 익어 가듯이, 세상 모든 일에는 적정한 '때'가 있습니다. 사람에게도 나이 나 시기에 맞춰 어떤 일을 도모하기 좋은 때가 있습니다. 그렇다면 '공부의 때', 즉 본격적으로 공부를 시작하면 좋을 때는 언제일까요? 중학생 때일까요? 아닙니다. 무조건 세상의 모든 아이가 이때 공부 해야 한다고 생각하지 않습니다. 그 나이에 공부하고 싶어 하는 아 이도 있겠지만 대부분은 뛰어놀기를 원합니다.

'공부의 때'는 자기 마음에 공부하고 싶다는 의지가 생길 때입니 다. 열등생도 공부할 '때'에 맞춰 공부를 시작하면 달라집니다. 문 제를 풀더라도 흥미롭게 접근하고, 외우거나 이해해야 하는 과목이 어려워도 싫어하지 않습니다. 이렇게 '때'가 맞으면 쉽게 시작하지 만, 맞지 않으면 안 하거나 하더라도 제대로 하지 않습니다. 공부에 대한 잔소리나 조언도 때가 맞으면 아이는 흔쾌히 받아들입니다.

그러므로 남의 집 아이와 비교하지 말아야 합니다. 단순히 공부의 때를 맞이했느냐 안 했느냐의 차이일 수 있거든요. 때가 아닌데 과일을 수확할 수 없는 것처럼 부모가 아무리 잔소리해도, 윽박질러도 아이는 절대 공부하지 않습니다. 이때는 어르고 달래도 할까 말까인데 '엄친아'까지 들먹이며 남과 비교하면 그때는 부모와 공부에서 완전히 튕겨 나갑니다. 그러니 아이가 스스로 공부하고 싶어하는 때를 기다려야 하는데 이 또한 막연하고 막막하지요. 하염없이 기다리기만 할 수도 없는 노릇입니다.

아이를 키우는 모든 일이 그렇듯 공부의 '때'는 아이마다 다릅니다. 그 요인은 환경에도 있고, 심리에도 있고, 성격에도 있습니다. 그러니 적절한 때를 중2, 고1 이렇게 구분 지을 수 없습니다. 『서울대생의 비밀과외』의 안소린 작가는 중학교 2학년 때 '건국대학교 이공계 캠프'에 참여한 순간이 공부하기 적정한 때였다고 말합니다. 그때 연구와 실험에 열심히 몰두하는 연구원들을 보고 심장이 요동치는 경험을 한 뒤 공부하고 싶다는 의지가 생기고 책상에 앉을 때 마음가짐이 달라졌다는 것이지요. 공부가 쉬워진 게 아니라 공부하는 자신이 스스로 멋져 보이고 더 나은 사람이 되어 가는 느낌을 받았답니다. 부모가 시키지 않았는데 공부하는 아이로 거듭난 것입니다.

대학 입학 후 공부를 포기했던 딸은 대부분 대학생의 마음이 흔들리는 시기인 대학교 3학년에 때가 왔습니다. 아들은 주변 친구들이 모두 대학교에 입학했는데 자기 혼자 재수해야 하는 시점에 공부에 대한 열망이 꿈틀댔습니다. 비로소 적정한 때가 임한 것입니다. 앞서 예로 든 '게임 만렙' 아이는 군대 생활에서 자신이 공부 안 한 사실을 후회하고 반성한 제대 시점이 적정한 때였습니다. 때를 정확히 찾아내면 아이가 힘들지 않게 공부를 시작하고 성과도 빠르게 얻어 냅니다.

열등생 아이의 '때'를 찾는 건 복잡한 과정이 아닙니다. 우리 아이의 주변 환경과 아이 마음 상태를 살펴 때를 찾으면 됩니다. 아이가 무심코 던지는 말 한마디, 행동 하나를 놓치지 말고 세심히 관찰하면 빨리 찾을 수 있습니다. 만약 찾을 수 없다면 만들면 됩니다. 아이가 게임에만 관심이 있고 공부를 안 한다면 어떻게 그 '때'를 만들까요?

먼저 아이가 무슨 게임을 하는지 찾아보세요. 게임 스토리를 아이보다 더 잘 알고 대화를 이끌어 가야 합니다. 게임 프로그래밍은 컴퓨터를 공부하지 않고는 접근할 수 없는 영역입니다. 게임 방식은 물론이고, 그 게임으로 유명해진 프로 게이머에 대한 정보도 중요합니다. 대화를 통해 아이가 게임에 대해 알고 있는 지식을 확장할 수 있게 해 주세요. 게임을 즐기는 자에서 게임을 공부하는 자가 되면 아이의 눈빛은 달라집니다. 게임 스토리를 짜 보거나 게임에는 나오지 않는 전략을 짜 보라고 하는 것도 좋습니다. 두뇌를 사용하지 않고는 안 되는 미션을 주면 아이가 자신이 좋아하는 영역에서 생각의 힘을 활용하는 법을 익힙니다. 두뇌를 자주 사용하면 자연스럽게 학교 공부의 이해가 빨라집니다. 이는 뇌과학자들이 이미 증명한 내용이니 의심 없이 활용해 보세요.

자녀와 가까이 소통하면 아이의 마음을 알고 공부의 때를 포착할 수 있습니다. 부모 또한 아이와 비슷한 고민을 하면서 성장했기에 아이의 마음을 이해하는 건 어렵지 않습니다. 어항에 키우고 있는 작은 물고기 구피도 자세히 관찰하면 상태를 짐작할 수 있지 않은가요? 배부른 구피와 배고픈 구피의 행동에 분명히 차이가 있습니다. 구피 마음도 읽는데, 자신을 닮은 자녀의 마음 하나 못 읽을까요? 자녀를 야단치기에 앞서 '때'를 생각하고 아이와 대화해 보세요.

'쿨'한 피드백 ④
"지금 시작해도 늦지 않아"

●

'열등생'을 사전에서 찾아보면 '성적이 낮아 보통 수준에 못 미치는 학생'으로 정의되어 있습니다. 공부해 본 적이 없는 아이는 스스로 나서서 공부하겠다고 말할 수 없습니다. 그만큼 자신감이 떨어져 있기 때문입니다. 또한 공부가 너무 어렵게 생각됩니다. 공부를 잘하고 싶지만 공부하려면 앞이 캄캄합니다. 무엇을 준비해야 하고 어디서부터 시작해야 할지 난감할 뿐입니다. 그렇다고 누구에게 물어보기도 쉽지 않습니다. 중학생이나 고등학생이라면 더더욱 그럴 것이 이미 초등학교 때부터 공부와 멀어져 자기 실력을 훤히 알기에 '그것도 모르냐'라는 말을 들을까 봐 창피해합니다. 그래서 '한번 제대로 해 볼까?' 하고 마음먹었다가도, 엄두가 나지 않으니 스스로 포기하고 맙니다.

<u>그러니 가장 먼저 할 일은 '공부에 자신감을 심어 주는 것'입니다.</u> "지금 시작해도 늦지 않아" "차근차근 해 나가면 돼" "안 해서 못 하는 것이지 타고난 머리가 나쁜 것은 아니야"처럼 바른 기대를 품고 도전하도록 용기를 불어넣어 줘야 합니다.

또한 자신감을 심어 줄 사례를 들려주는 것도 좋습니다. 이 책에 실린 아이들의 이야기가 중요한 자료가 될 수 있습니다. "꼴찌도 이렇게 공부해서 명문 대학교에 갔대" 하고 꼴찌가 합격한 사례를 알려 줌으로써 아이도 '아! 나도 공부하면 명문 대학교에 갈 수 있구나!'라고 생각하게 됩니다. "공부를 포기했던 아이도 의대에 갔대"라고 알려 주면 아이도 "아! 나도 뭐든 할 수 있어!"라고 생각합니다. 우리 아이도 그랬고, 선배의 '게임 만렙' 아이도 마찬가지였습니

다. 부모가 전해 준 사례를 통해 '나라고 못 할 것도 없지' 하는 자신 감이 생겼기에 공부를 시작할 수 있었습니다.

자녀에게 자신감을 심어 주려면 먼저 부모가 가능성과 결과에 확신을 품어야 합니다. 우리 아이가 공부를 잘할 수 있다는 확신, 지금 시작해도 늦지 않다는 확신, 아이가 기필코 자기 몫의 공부를 해 줄 거라는 확신. 이러한 확신을 가지고 말해야 자녀도 자신감을 가질 수 있습니다.

아이의 도전에 앞서 부모는 실패할까 봐 미리 걱정할 필요가 없습니다. 인생을 길게 보면 도전하는 인생을 살 것인가, 실패가 두려워 회피하는 인생을 살 것인가로 극명하게 나뉩니다. 도전했다가 실패하면 어느 것 하나라도 자신이 생깁니다. 하지만 회피하면 자기에게 득 되는 것이 하나도 없습니다.

자녀에게 '열등생'이라는 프레임을 씌우고 거기서 벗어날 방법을 가르쳐 주지 않는다면 부모의 역할을 제대로 하는 게 아닙니다. 부모가 아이 공부에 있어 무조건 긍정적 시각을 가져야 합니다. 길이 막히면 뚫으면 되고 막다른 길에 이르러도 분명 다른 길이 존재합니다. 그러므로 도전이 아무것도 안 하는 것보다는 분명 이득이지요.

'쿨'한 피드백 ⑤
"네 의견이 중요해"

●

　인생을 기적으로 만드는 구체적인 방법이 있습니다. 바로 결심과 실천입니다. 두 단어를 가슴에 새기고 노력하면 기적을 만들 수 있습니다. 러시아 대문호 도스토옙스키 Fyodor Mikhailovich Dostoevskii 는 사회주의 단체에 소속되어 농민 반란을 선동한 혐의로 사형 집행장에 섰습니다. 얼굴에 두건이 씌워진 순간, 그는 맹세했습니다.

　'만약 내가 여기서 목숨을 건진다면 남은 생은 1분 1초도 허비하지 않겠다.'

　러시아 대문호는 그렇게 탄생했습니다. 고등학교 2학년 때 자퇴하겠다는 아들을 설득하는 과정에서 저는 아내에게 맹세했습니다.

　"아들이 반듯하게 클 때까지 내 사생활은 포기하겠다."

　딸, 아들, 선배 아들 등 세 아이가 공부를 시작하게 된 동기와 과정의 공통점은 '공부 안 하던 아이가 스스로 공부하기로 결심했다는 것'입니다. 이는 결코 간단하거나 가벼운 문제가 아닙니다. 일단 학교에 다니긴 했지만 가방만 들고 왔다 갔다 하며 출석부에 도장만 찍었지 전혀 공부하지 않은 상태였습니다. 처음부터 다시 시작해야 했습니다. 그렇게 되니 앞으로 공부해야 할 양이 방대했습니다. 그때 저는 아이에게 이렇게 말했어요.

"아빠가 지금껏 설명했지만 쉽지 않은 일이야. 결정은 네가 하는 거야. 아빠는 네 결정을 따를게."

이를 생각하면 "나, 이제부터 공부할래"라는 한마디에 얼마나 많은 시간과 노력이 들어 있는지 모릅니다. 만약에 아이가 이 단계에 이르렀다면, 즉 아이가 확실하게 결심했다면 부모는 아이를 전적으로 믿어 줘야 합니다. 바로 기적이 시작되는 시점이기 때문입니다.

다시 한번 말하지만, 아이들의 마음을 움직이려면 아이들 수준의 충고와 조언이 필요합니다. 아이가 바라보는 시선에서 사회와 환경을 바라보고, 가능하면 아이들이 사용하는 단어를 선택해서 미래가 아닌 지금의 상황을 빗대어 말하세요. 그래야 아이들 마음에 가닿을 수 있습니다.

아들이 재수할 때 공부하기로 결심한 이유는 '삼수하기 싫어서'였습니다. 그 후 대학 생활을 거치면서 자신이 싫어하고 좋아하는 것이 무엇인지 구분하게 되었고, 의사가 되고 싶다는 열망을 품었습니다. 그래서 의대 편입을 결심했습니다. 딸은 컴퓨터공학과 출신으로 소프트웨어 개발을 싫어했고, IT 보안 업무를 하고 싶어 대학원에 진학할 결심을 했습니다. 학생들은 시기에 따라 각자 다양한 이유로 '공부 결심'을 합니다.

아이가 공부하기 시작했다면 마음이 흔들릴 수 있으므로 초반에 잘 살펴봐야 합니다. 한두 번 어려움을 극복하고 넘어가면 한동안 어려움 없이 계속 학습을 이어 갈 수 있습니다. 기간이나 상황에 따라 몇 차례 고비가 올 수 있고 이런 시기가 오면 다시 집중해서 잘 돌봐 주면 됩니다. 그렇게 어려움을 극복하면 금방 커 가는 모습을 볼 수 있습니다. 공부하기로 결심한 아이들의 성장 속도는 생각보다 빨라 부모가 따라가지 못할 지경에 이르기도 합니다. 재수 시절, 인서울 대학이 목표였던 아들이 SKY 입학 가능 성적이 나오기까지 6개월이 걸렸습니다. 모의고사 성적이라 정말 가능한지 알 수 없었지만, 저는 서울의 상위권 대학 전체 입시 요강을 살펴보고 어떻게 해야 할지 계획을 세우느라 밤을 새웠습니다. 그런데도 아이가 얼마나 노력을 쏟아부었는지 알기에 전혀 힘들지 않았습니다.

대학 입시에서 수시 원서를 어느 대학에 넣어야 할지 정확히 판단해야 합니다. 많은 학생이 정보의 오류로 SKY 교문까지 갔다가 입학하지 못하고 발길을 돌립니다. 대입 정시의 경우 여러 분석 기관에서 비교적 정확한 진학 자료를 제공하기에 큰 어려움이 없지만, 수시는 상황이 다릅니다. 수능에서 최저 제한을 두는 전형이 다수입니다. 또한 내신 등 여러 조건이 붙어 있어, 학교와 학과별로 비교 분석해야 합니다. 수능 점수 예측이 어려웠던 아들도 수시 원서를 냈던 세 곳 중 의대를 제외한 한 곳은 시험을 안 보는 방법으로 피했습니다. 입시 전형을 철저히 분석했기 때문에 가능했습니다.

또한 의·치전원, 의대 편입은 극소수의 학생이 준비하는 과정이라 참고할 자료가 부족해서 직접 챙기고 확인했습니다. 아들이 의대 편입을 준비할 때, 입시 전문 학원에서 컨설팅받았지만, 그곳에서도 지원할 대학을 정확히 짚어 주지는 못했습니다. 여러 번 전화로 확인하고, 과거 자료를 받아 확인한 후 아들이 지원할 학교를 직접 골랐습니다.

아이가 공부하면서 발생하는 문제점들은 부모가 관심을 가지면, 대부분 해결됩니다. 아침에 데려다주고 저녁에 데려오는 등 평소 안 했던 일을 하느라 몸은 힘들겠지만, 아이와 소통하면서 보람을 느끼고 오히려 그 시간이 기다려지기도 합니다. 아이를 챙기는 것이 즐거운 상황에 이르면, 입시 목표 달성 가능성은 한층 더 커집니다.

아이가 SKY를 목표로 삼았다가 그 목표에 이르지 못했다고 해서 실패로 단정 짓지 마세요. 아이와 대화한 그 자체만으로도 엄청난 성과를 낸 것이니까요. 자녀와 대화가 없는 가정이 생각보다 많습니다. 청소년 상담 사례를 보면 아버지와 방에 둘이 있으면 가슴이 답답하다는 친구도 있습니다. 그만큼 소통의 부재, 대화의 단절이 가정에서 일어납니다. 어릴 적 그토록 예뻐하던 아이와 왜 이렇게 관계가 소원해졌을까요? 그간 무슨 일이 있었던 거냐고 부모는 항변합니다. 아이들 먹여 살리려고, 기죽지 않게 키우려고 열심히 일했을 뿐이라고. 그 결과가 가장 사랑하는 아이와 알게 모르게 벽을 만들었다고.

여기서 제 경험을 솔직히 이야기하며 아이와 소통하는 팁을 나누고자 합니다. 앞에서 언급했듯이, 저는 아들과 같이 담배를 피우면서 대화했습니다. 흡연에 대한 따가운 시선과, 건강에 대한 주변 사람들의 염려를 잘 알기에 밝히기 조심스러웠습니다. 하지만 맛있는 밥을 사 주고, 아들이 좋아하는 당구를 함께 치며 줄곧 따라다녀도 헛수고였습니다. 아들은 입을 꾹 다물었습니다. 그래서 하는 수 없이 아이에게 "한 대 피울까?"라는 말을 먼저 걸었습니다. 그런데 결과가 의외였습니다. 평소 단답형 대화에서 인생을 이야기하는 대화로 바뀌어 가더군요. 취향이 분명한 아이를 이해하게 되었고 고집이 센 아빠를 좀 봐달라고 부탁하기도 했습니다. 아들의 진로에 대해서도 서로 마음을 터놓고 대화했습니다.

당시 제게 발등의 불은 아들을 공부시키는 것이었습니다. 그것을 먼저 해결하기 위해, 마침 아들이 공부하기로 마음먹었기에 사회적 관습과 문화의 선입견과 편견을 극복할 수 있었습니다.

아들과 소통이 원활해지니 이를 지켜보던 딸이 친구 문제를 상담

해 왔습니다. 친한 친구와 마음이 수시로 어긋나 상처받는다는 것입니다. 딸은 끙끙 앓으며 시간을 소비하고 있었습니다. 인간관계는 어른이 되어서도 언제나 불편한 일이 발생한다는 점, 그러므로 현명한 대처가 필요하다는 점을 알려 주며 솔직히 "아빠도 이만큼 나이를 먹었지만, 그건 여전히 자신 없는 부분이야"라고 고백했습니다. 그러면서 제가 읽었던 책을 권해 주었습니다. 삶의 경험과 책을 통해 알게 된 장단점을 통해 아이가 스스로 관계를 개선해 나가기를 바란 것입니다.

대화와 소통은 아이와 부모에게 한 팀이라는 심리적 안정을 줍니다. 내 편이 있다는 든든함도 전해 줍니다. 목표 달성을 위해 노력했던 시간이 만들어 준 부수적인 수확물입니다. 결심하지 않았다면 나 자신을 변화시킬 수 없었고, 어느 한 부분에서는 부끄러운 부모가 되었을 게 뻔하지요. 그 시점에서 트인 말문은 지금도 계속 현재진행형입니다. 얼마나 다행인가요.

'쿨'한 피드백 ⑥
"잘할 거라 믿어!"

딸과 아들은 기본적으로 생물학적인 차이가 있습니다. 성격 차이도 있고 기질적인 부분에서도 차이가 있습니다. 물론 이것이 성별의 문제가 아니라 성향과 환경의 문제일지 모르지만 어쨌거나 아기 때부터 아들과 딸은 달랐습니다. 좋아하는 것도 잘하는 것도. 주위에서 들어 보니 일란성 쌍둥이를 똑같이 가르쳐도 다르게 받아들인다고 하니, 같은 사람이 하나도 없다는 인류학적 진리는 맞는 듯합니다. 몸으로 느끼는 체감이나 삶의 경험에서 발생한 차이일 수도 있습니다. 사람들은 같은 경험을 달리 해석하니까요.

그러므로 교육도 아이마다 성격이 다른 점을 고려하여 맞춤형으로 해야 좋은 결과를 얻습니다. 자녀 교육이 어려운 이유가 여기에 있습니다. 하지만 저는 늦도록 딸과 아들을 차별하지 않고 똑같이 가르쳐야 한다고 생각했을 뿐 특성에 맞게 가르쳐야 한다고 생각하지 못했습니다. 아직도 이점이 후회스러운 점으로 남아 있습니다.

'영재는 태어나는 것이 아니라 교육에 따라 만들어진다'라는 신념으로 미숙아 혹은 저능아로 취급받던 아들 비테를 행복한 천재로 길러낸 아버지의 저서 『칼 비테 교육법』에 따르면, 가장 훌륭한 교육법은 아이가 자신감을 가질 수 있도록 항상 격려하는 것입니다. 아이의 특성에 따라 칭찬도 구별해서 해야 합니다. 참으로 어렵지요. 자신감을 심어 주면서 칭찬을 아낀다는 것은 어쩌면 모순되는 개념이 아닐까요? 그 의미를 곰곰이 생각해 보면 거만해지는 것을 염두에 두고 칭찬하라는 의미 같습니다. 이처럼 칭찬까지 섬세하게 신경 써야 하는 게 자녀 교육입니다.

오래전 경험을 떠올려 보자면, 중학생 시절 제 성적이 급상승한 적이 있었습니다. 성적이 너무 많이 올라 담임 선생님께서 부정행위를 의심할 정도였습니다. 억울했지만 남의 눈에 내가 어떻게 보이는지 그때 알게 되었습니다. 그날 이후 저는 의심받지 않기 위해 열심히 공부했습니다. 결과적으로 성적을 올려 내 실력의 정당함을 증명해냈습니다.

이 경험을 바탕으로 아들에게 성적 급상승의 순간, 아들도 더 높은 목표를 향해 공부할 수 있겠다는 기대로 고등학교 1학년 모의고사에 초점을 맞췄습니다. 그 결과 모의고사에서 수학 성적이 높게 나왔습니다. 물론 다른 과목은 기대에 못 미쳤지만요. 그때 저는 나름대로 칭찬한다고 했는데 아들이 갑자기 공부하기 싫다고 선언했습니다. 아빠 말을 칭찬으로 들은 게 아니었습니다. 그때 알았습니다. 칭찬의 목소리 톤도 아이에 따라 달리해야 한다는 것을. 딸은 목소리가 높으면 싫어했고, 아들은 목소리가 낮으면 못 들었다고 했습니다. 지금은 딸과 아들을 대할 때, 아이들이 좋아하는 목소리로 높이를 조절합니다.

사르트르Jean-Paul Sartre는 "인생은 B와 D 사이의 C이다"라는 명언을 남겼습니다. 다시 말해 인간은 태어난 날Birth부터 죽는 날 Death까지 좋든 싫든 자신의 인생을 스스로 선택Choice해야만 합니다. 인간이기에 완벽한 선택을 할 수 없습니다. 늘 가지 못했던 길에 대해 아쉬움과 그리움이 남아 있을 뿐입니다. 심사숙고하여 선택해야 하고, 끊임없이 노력하여 선택한 길을 옳게 만드는 과정이 있어야 합니다. 아인슈타인도 젊은 날 "내가 내린 결론은 틀린 경우가 99%였다"라고 고백했습니다.

학생이라면 누구나 한 번쯤 공부 잘하고 싶다는 생각을 마음에 품은 적이 있을 것입니다. 부모는 이 순간, 마음 상태를 살펴 아이가 '나도 공부를 잘할 수 있다'라는 마인드를 갖도록 도와야 합니다. 자녀가 나도 할 수 있다는 생각을 떠올리는 순간 스스로 공부하는 모습을 볼 수 있습니다.

어느 철학자는 "인간은 누구나 인정받고자 하는 욕망을 지닌 채 태어났다"라고 말했습니다. 인정의 욕구는 인간의 본성이라는 의미입니다. 이러한 본성이 아들을 밴드 동아리로 이끌었지만, 그 길이 아니라고 스스로 인지했을 때 얼마나 갈등이 심했을까요. 자신이 선택한 일에서 좌절을 느끼는 기분은 그 무엇으로도 달래기 어렵습니다. 게다가 그런 상황에 아빠는 화를 내며 집을 나가라고 했으니, 아들은 얼마나 황당하고 당황스러웠을까요?

당시에는 몰랐습니다. 고등학생인 아들이 인정받고 싶은 욕망이 특별히 강하다는 걸. 그러한 본성이 잘못된 방향으로 표출되니 내 눈에는 말썽으로만 보였으니까요. 공부로 인정받을 수 없는 아이가 '학교 짱'이 되어 나쁜 행동을 할 수도 있습니다. 부모가 그토록 말리려고 하는 게임 중독 아이는 착하고 건전한 학생일 수 있습니다. 게임에서 승부를 보고 인정받겠다는 생각이 바닥에 깔려 있기에 매달리는 것일 수도 있으니까요.

아이의 문제점의 원인을 따라가 보면 그 바닥에 인정받고자 하는 욕망이 웅크리고 있습니다. 그러므로 아이의 긍정적인 행동에는 반드시 인정하는 말을 해 줘야 합니다. 한 번 인정받은 아이는 다른 부분에서도 인정받고 싶을 것입니다. 부모가 인정한 방향으로 아이는 자신의 재능을 발전시킬 수 있습니다. 아들이 기타 외 무엇으로 박수받을지 고민한 것처럼 아이들은 자신의 가치를 드러낼 부분을 찾고 또 찾습니다.

'쿨'한 피드백 ⑦
"~한 것 잘했어!"

하지만 칭찬만이 절대적 요소는 아닙니다. 칭찬이 역효과를 일으켜 자만하여 공부를 멀리할 수도 있으니까요. 하지만 '열등생' '꼴찌'인 자녀가 공부하기 시작하면 그 자체만으로도 칭찬하고, 성적이 오르면 또 칭찬하고, 하여튼 공부와 관련된 모든 행동에 이유를 붙여 칭찬해 줘야 합니다. 특정한 행동을 언급하며 구체적으로 칭찬해 주세요. 책가방만 메고 있어도 칭찬하고, 스스로 책상에 앉았다면 더 크게 칭찬해 주세요.

<u>칭찬은 인간을 움직이게 하는 두 가지 기본 요건 중 첫 번째에 해당합니다. 바로 '인정받고자 하는 욕망'의 충족입니다.</u> 인간의 두뇌는 칭찬받을 때, 도파민 즉 '행복 호르몬'을 분비합니다. 도파민은 신경 세포에서 분비되어 신경 신호 전달뿐만 아니라 의욕, 행복, 즐거움, 기억, 인지, 운동 조절 등 뇌에 다방면으로 관여합니다. 도파민은 사람을 더 행복하고 만족스럽게 만들며, 스트레스를 줄이고 자존감을 높여 줍니다. 생산성을 12%까지 높인다는 연구 결과도 있습니다. 열등생이 공부할 때 칭찬을 아끼지 말아야 할 이유가 여기 있습니다.

카네기가 쓴 책에 나오는 일화에는 아무리 봐도 칭찬거리가 없는 사람에게 머리카락이 너무 풍성하고 멋지다고 칭찬해 준 적이 있는데, 그 한마디로 자신의 문제를 잘 해결해 준 사건이 등장합니다. 살펴보면 칭찬거리가 없는 사람이 없습니다. 헬렌 켈러는 자신을 칭찬할 목록을 작성했는데 무려 2,500개였다고 합니다. 이에 비춰 본다면 아이에게 칭찬해 줄 거리가 얼마나 많을지 가늠이 됩니다. 잘

웃는 것, 밥을 맛있게 먹는 것, 학교에 잘 다니는 것만으로도 칭찬받아 마땅합니다.

아들이 재수할 때는 성적이 계속 올라 자연스럽게 계속 칭찬해 줬습니다. 인서울에 실패한 아들이 처음으로 서울 중위권 성적을 받아 왔을 때 배치표를 펼쳐 놓고 고생했다며 칭찬했습니다. 나중에 서울대도 가능한 모의고사 성적을 받아 왔을 때는 의대도 가능하다고 칭찬하면서 함께 기뻐했습니다. 실제로 가능한지는 모르겠지만 배치표에 가능하다고 나왔으니, 확실하다고 생각하면서 칭찬한 것입니다.

열등생은 늘 공부에 관한 꾸중을 들어왔던 터라 심적으로 위축되어 있습니다. 그런 아이가 공부를 시작하면 그 부분을 다독여 주고 칭찬할 때 효과는 두 배가 될 수 있습니다. 공부하기 싫어하는 아이들은 칭찬을 먹고 마시며 힘을 얻어야 책을 펍니다.

위기를 기회로 바꾸는 '점프 업' 부모 내공

> "부모는 아이가 동기와 열정을 느끼는 일이라면 무엇이라도 소중하게 여겨 주고 격려해 주어야 한다. 수많은 시행착오 속에서 아이들은 점차 나를 헌신할 열정의 대상, 나를 규정짓는 나만의 고유한 것을 찾아 나갈 것이다."
>
> • 조선미, 정신건강의학과 전문의

아이들이 목표 지점을 향해 나아가는 과정에서 수많은 위기가 찾아옵니다. 그때마다 좌절하고 방황하며, 심한 경우는 포기하고 말지요. 이때는 부모가 나서야 합니다. 아이가 위기에 부딪혔을 때 발휘하는 부모 내공은 일반적인 상황과는 차이가 있습니다.

부모 내공 ①

습관의 힘을 공부에 활용한다

●

게임 하는 습관과 공부하는 습관, 두 가지 습관 중 우리는 어디에 열광하게 될까요? 게임? 공부? 아마 대다수 부모가 공부에 손을 번쩍 들 것입니다. 게임이 아무리 '롤드컵(리그 오브 레전드 월드 챔피언십)'으로 엄청난 인기를 얻고, 페이커 같은 스타가 나오고 있더라도 게임에 손을 들 부모는 많지 않을 것입니다. 프로게이머로 가는 과정이 스포츠의 프로 선수 되는 길보다 멀고 험난하다는 것을 몰라도 그렇습니다. 밥 먹는 시간 외 모두 게임에 투자해도 될까 말까이니까요. 그만큼 두뇌 회전 및 계산과 전략이 따라야 게임도 잘할 수 있습니다.

단순히 공부의 도피처로 삼아 하다가 "게임 좀 하네"라는 말을 듣고 선뜻 프로게이머가 되려 한다면 큰 오산입니다. 냉정한 승부의 세계가 그곳에서도 펼쳐지니까요. 그렇다면 공부는 어떤가요? 공부 습관만 잘 들이면 아이가 활약할 곳이 많습니다. 업종에 따라서는 편하게 일하며 남보다 많은 돈을 벌 수도 있습니다. 그래서 이를 아는 부모는 무엇을 하든 '공부!'를 외칩니다.

두 아이를 명문대 의대에 보낸 정태희 씨가 쓴 『아이의 공부력 엄마가 만든다』를 보면, 입시 제도가 바뀌어도 변함없는 가치들이 있다고 합니다. 바로 규칙적인 습관, 지속하는 힘, 집중력, 새로운 것을 배우는 능력을 갖추는 일입니다. 문제는 어떻게 일상에서 습관으로 길들이냐는 것입니다. 타고나지 않은 인내력과 끈기를 다스려 공부 습관으로 장착하기까지 어떤 과정을 겪어야 할까요? 습관이 천성을 이긴다는데, 가능하다면 모든 수단과 방법을 동원해 공부 습관을 들이고 싶은 게 부모의 마음일 것입니다. 공부 습관을 기르면 학생뿐만 아니라 부모 더 나아가 사회에 긍정적인 영향을 미치기 때문입니다.

좋은 습관 갖기는 어려운데 나쁜 습관은 자기도 모르는 사이에 아주 쉽게 몸에 배어 버립니다. 인생에 있어 성공과 실패의 키는 좋은 습관을 기르고 나쁜 습관을 버리는 데 달려 있다고 해도 과언이 아닙니다. 『결국 이기는 사람들의 비밀』을 쓴 리웨이원에 의하면 새로운 습관을 몸에 익히려면 3주 정도 반복해야 한다고 말합니다. 그래야 의식하지 않아도 저절로 그 동작을 취하게 된다는 것입니다.

하지만 몸에 밴 습관을 바꾸기에는 100일도 부족합니다. 외부 환경에 순응한 인간들은 습관의 노예가 됩니다. 절체절명의 위기가 닥쳐오지 않으면 습관대로 행동합니다.

'코끼리 사슬 증후군'이라는 용어가 있습니다. 어릴 적부터 말뚝에 묶어 길들인 새끼 코끼리는 스스로 자신의 한계로 정해 버려 말뚝 주변을 벗어나지 못합니다. 성장한 코끼리는 마음먹기에 따라 얼마든지 사슬을 끊을 수 있지만 그럴 엄두를 내지 못합니다. 거듭된 실패가 만들어 놓은 거짓된 굴레에 매여 자유를 포기하고 살아가는 안타까운 모습입니다. 나쁜 습관에 길들면 잠재 능력을 발휘할 기회조차 상실할 수밖에 없습니다.

'습관의 힘'을 이해하면 자녀 성장기에 발생하는 많은 문제점을 사전에 차단해야 한다는 것을 알게 됩니다. 스마트폰 중독, 게임 중독, 툭하면 학교에서 조퇴하는 습관, 음주, 흡연 등 많은 나쁜 습관을 사전에 차단해야 아이가 반듯하게 자랄 수 있습니다.

신경학자인 제임스 팰런James H. Fallon 교수는 '사이코패스를 연구하는 사이코패스 과학자'로 잘 알려져 있습니다. 팰런 교수는 성인이 되자, 그의 부모님은 반사회적인 가족력이 있다는 사실을 털어놓았습니다. 그가 연쇄살인범과 일반인의 뇌를 연구하던 도중 전형적인 사이코패스의 뇌 스캔 자료를 발견하고 누구 사진인지 알아보니, 바로 자신의 뇌 스캔 사진이었습니다. 사이코패스의 뇌는 선조체 영역이 비非 사이코패스보다 평균 10% 더 크다는 연구 결과가 있습니다. 팰런 교수 자신은 인지하지 못했지만, 부모와 주변 사람들은 팰런의 사이코패스 기질을 알고 있었습니다. 그런데도 그가 훌륭한 교수가 된 것은, 어릴 적부터 바람직한 습관을 기르게 한 부모의 노력 덕분이었습니다.

고백하건대, 저는 아이들이 사회 통념상 나쁜 습관에 노출되지 않도록 많이 노력했음에도 딱 하나 아들의 흡연은 막지 못했습니다. 처음에는 호기심이겠거니 했고, 나중에는 건강에 안 좋으니 스스로 끊겠지 했습니다. 하지만 성인이 된 뒤 현재까지 담배를 끊지 못했습니다. 이는 습관의 영향력이 얼마나 무서운지를 잘 보여 줍니다.

습관의 힘을 일찍 터득하여 평범한 자신을 거듭나게 한 인물이 있습니다. 미국 건국의 아버지로 100달러 지폐에 새겨진 벤저민 프랭클린Benjamin Franklin입니다. 보스턴에서 비누와 양초를 만드는 집안의 열다섯 번째 아이로 태어난 그는 열 살 때 집안 형편으로 인해 다니던 학교를 그만두고 형의 인쇄소에서 일을 배웠습니다.

열일곱 살이 된 프랭클린은 가출해 보스턴을 떠나 필라델피아로 향합니다. 그곳에서 무일푼으로 시작해 스물네 살의 나이에 인쇄소를 소유하기도 했습니다. 그는 정확하고 일관성 있는 행동을 하기 위해 나쁜 습관을 버리고 좋은 습관을 몸에 익히려 노력했습니다. 그는 이 목적을 이루기 위해 여러 도덕적 덕목을 열거하고, 각 덕목을 자신의 것으로 만들기 위해 실천해야 할 행동들을 제시했습니다. 13가지 미덕을 명료하게 요약한 다음, 이렇게 말했습니다.

"나는 이 모든 미덕을 습관화하고자 하는데, 한 번에 하나씩 시도하는 것이 낫다고 생각했다. 한 가지 미덕을 완전히 익히면 다음 미덕으로 넘어가는 방법으로 13가지 미덕을 모두 습관화할 것이다."

13가지 미덕은 절제·규율·결단·검소·근면·진실 등이고, 절제는 '둔해질 정도로 먹고 마시지 말라'라는 행동 규칙입니다.

아이에게서 나쁜 행동이 나오는 순간을 놓치지 마세요. 한두 번 반복하다 보면 어느새 부모도 모르는 사이에 습관이 되어 버립니다. 늦잠이나 게임, 거짓말, 회피 같은 일상에서 아무렇지 않게 행할 수 있는 것들이 더 무섭습니다. 청소년기에 몸에 밴 나쁜 습관은 어른이 되어서도 고치기 어렵습니다.

아이가 자신의 존엄성을 생각하고 자기 행동이나 마음을 통제할 수 있는 가치관이 생길 때까지 부모의 관심은 필수입니다. 또한 잘못된 습관에 대해 무조건 질타부터 하기보다는, 그 습관의 긍정적 요인과 부정적 요인을 아이와 함께 알아보고 고쳐 나가면 아이와 부모의 완벽한 하모니를 연출할 수 있습니다.

정확한 출발점이 성패를 결정짓는다

하위권 아이들은 공부를 안 하고, 잘해 본 적도 없기에 다시 출발선에 서서 공부를 시작할 때 어떻게 접근하는지가 매우 중요합니다. 공부하는 방법을 모르기 때문에 어떻게 해야 하는지, 어떤 공부를 해야 하는지 하나하나 알려 줘야 하기 때문이죠. 그런 의미에서 쉬운 과목부터 공부해야 한다고 주장하는 교육 전문가도 있습니다. 맞는 말입니다. 아이에게 자신감을 심어 줄 수 있기 때문입니다. 같은 의미에서 암기 과목부터, 즉 선행학습이 필요 없는 과목부터 공부해서 자신감을 얻고 어려운 수학, 영어를 시작하면 됩니다.

모든 일에 있어 시작 시점인 출발점이 중요합니다. 특히 열등생은 자신감이 떨어진 상태에서 의욕만으로 출발하려는 것이니 '내가 진짜 할 수 있을까?' 하는 의구심을 가질 수밖에 없습니다. 특히 어려운 영어와 수학, 우리나라 말인데도 난해하기만 한 국어, 그리고 역사와 사회, 과학 그 어느 과목도 쉬운 게 없습니다. 재출발의 시점이 고등학교 재학 중이거나 졸업한 뒤라면 말할 것도 없습니다. 무조건 '기초'를 강조하기보다 아이의 현재 수준을 정확히 분석해야 출발점을 찾을 수 있습니다.

자기 나이보다 훨씬 낮은 단계를 공부하더라도 창피하다고 느끼지 않도록 아이를 설득하는 것이 중요합니다. 인생을 통틀어 1, 2년 혹은 4, 5년은 그리 길지 않은 시간입니다. 중학교 2학년이 초등 단계부터 공부하더라도 이해력이 뒷받침되기에 몇 개월 안에 중등 실력에 도달할 수 있습니다. 그러므로 너무 비관적으로 생각할 필요는 없어요. 중요한 것은 시작하면 앞으로 나아간다는 것입니다.

<u>망설이지 말고 어떤 공부를 어느 수준에서부터 시작해야 하는지 객관적이고 냉철하게 파악하세요.</u> 출발점을 정확히 찾아 주면 아이가 쉽게 공부를 시작할 수 있습니다. 성과를 얻어 자신감을 가지면 추진력을 확보해 가속도가 붙습니다. 과감하게 공부를 포기한 시점부터 출발점으로 잡아야 합니다. 바쁜 마음에 중학교 때부터 공부를 포기한 학생이 고등학교 수학을 공부하기 시작하면 시간만 낭비됩니다. 아무리 강한 의지로 시작했더라도 이내 지쳐 포기하게 됩니다.

고등학생이 출발점을 중학교로 잡으면 해야 할 공부량이 절대적으로 많다고 생각하지만, 오히려 그게 빠른 지름길입니다.

『나는 어떻게 미대생에서 의대생이 되었을까?』의 김유연 저자는 중학생 때 미술 전공을 시작해 예술고등학교를 졸업하고 홍익대학교 미술대학에 입학했습니다. 하지만 적성에 맞지 않음을 알게 돼 2년간 다닌 미술대학을 중퇴하고 다음 해 수능으로 모 의과대학에 정시로 합격했습니다. 저자도 중학교 때부터 미술을 공부하면서 '수포자'가 되었지만, 초등학교 4학년 수학 교재부터 시작해 1년 만에 수학 능력자가 되었습니다. 출발점을 정확히 찾아 그 지점부터 시작했기 때문에 성공할 수 있었던 것입니다.

출발점은 목표와도 관련성이 있습니다. 목표가 미대라면 수학이 조금 미흡해도 되지만, 목표가 일반 학과 대학교, 대학원, 편입학이라면 이야기가 달라집니다. 딸은 대학원을 목표로 했기에 출발점을 대학 재학 시점으로 잡았습니다. 따라서 학점 관리에 집중하면서 교내 경시대회, 정보처리기사 자격증, 토익 성적순으로 공부했습니다. 단계별 목표를 성취하면 자신감은 더욱 고취되고 계획을 더욱 열심히 실행하게 됩니다. 재수하던 아들은 서울 소재 대학교를 목표로 설정했고, 영어와 수학의 기초를 기반으로 다른 과목의 성적을 올렸습니다. 이에 자신감을 얻은 아들은 제대로 공부해 보지 않은 국어를 목표로 공부했고 성적을 거뜬히 올릴 수 있었습니다.

중학교 때부터 공부를 포기한 선배 아들은 공부를 다시 시작할 때 수학에 자신이 없었던지 영어 공부만 했습니다. 그리고 수학 점수가 반영되지 않는 학교와 학과를 찾았습니다. 하지만 자기 적성이 이과라는 것을 알고 고민 끝에 중학교 수학 과정부터 다시 시작했습니다. 그렇게 시작한 수학 공부가 얼마나 재미있었던지 나중에는 수학과에 진학하고 싶다고 말했을 정도로 빠져들었습니다. 수학을 포기했던 학생도 출발점을 정확히 알고 거기서부터 시작하면 어려움 없이 공부할 수 있습니다. 예상보다 기간이 길게 걸리지 않으므로 조급해하지 않아도 됩니다. 다시 한번 강조하지만, 반드시 모르는 지점으로 돌아가 공부를 시작해야 성공에 이를 수 있습니다.

부모 내공 ③
위기를 예측하고 대비한다

●

열등생뿐 아니라 공부하는 학생에게는 한두 번의 위기와 슬럼프가 찾아옵니다. 어렵게 공부를 시작해서 잘하던 아이에게 갑자기 예상하지 못한 문제가 닥쳐오면 당황하고 안정을 찾지 못해 결국 도전에 실패합니다. 그러므로 어떤 상황이 발생할지 예측하고 대비해야 아이들이 잘 극복하고 넘어갈 수 있습니다.

성적이 급상승하는 시기에 꼭 찾아오는 난관은 성적의 급하강입니다. 저는 이 사실을 재수 학원 선생님을 통해 알게 되었습니다. 이때 아이들의 정신력이 가장 많이 흔들린다고 하더군요. 실제로 아들에게도 이 순간이 찾아와 혼란스러운 시간을 보내야 했습니다.

미리 인지하고 있었음에도 그 충격이 너무나 커서 아들도 저도 쉽게 헤어나지 못했습니다. 아들은 안정을 찾지 못해 선생님께 도움을 청했고 공부 계획을 다시 짜면서 충격을 이겨 나갔습니다. 성적이 급하강하는 순간이 수능 원서 접수 기준이 되는 9월 모의고사에서 오리라는 생각을 못 했기 때문에 충격이 더 컸던 것 같습니다.

아들에게는 수능시험 직전에 기흉이 발생하여 한 번 더 위기가 왔습니다. 건강상 이유이기에 정신적인 충격은 크지 않았지만, 1년 재수하는 아들에게는 큰 위기였습니다. 다행히 기흉은 수능시험을 치는 데 문제가 되지는 않았지만, 공부의 시간과 에너지에는 분명 마이너스 요인이 되었습니다.

앞서 소개한 '게임 만렙' 꼴찌 아이의 경우 크게 두 번 정도 위기가 왔습니다. 첫 번째 위기는 앞서도 언급한 수학을 포기하고 문과로 전환하는 문제였습니다. 편입 공부를 시작한 이유는 전문대학교 졸업장으로 취업이 쉽지 않다는 판단 때문이었습니다. 문과로 전환하면 애초 목적을 달성하지 못합니다. 그래서 가족은 만류했지만 아이는 '수학'이라는 딜레마에 빠져 그 길을 고집했습니다. 결국에는 끝없는 가족의 설득에 문과로 전환할 생각을 접고 수학 공부를 시작했습니다. 그리고 놀랍게 성적을 끌어올렸습니다. 두 번째 위기는 역시 성적이었습니다. 선배 아들에게도 성적 급하강이라는 위기가 찾아왔습니다. 성적이 잘 올라가고 있을 때부터 슬럼프가 올 것이라고 알렸고, 그래서인지 성적 급하강 위기는 어려움 없이 극복할 수 있었습니다.

부모 내공 ④
확실한 플랜 B를 계획해야 실패가 없다

●

인간은 완전하지 않습니다. 그래서 아무리 노력해도 안 되거나 실패할 수 있습니다. 이점은 반드시 염두에 두고 도전에 임해야 합니다. 최선을 다했음에도 뜻대로 되지 않아 실망하고 좌절하여 더 이상 앞으로 나아가지 못하는 경우를 주변에서 많이 봤습니다.

저 역시 공부라면 학을 떼는 아이들을 위한 교육법을 소개하면서 가장 두렵고 부담스러운 점이 '실패'입니다. 실패가 두려워 도전하지 못하거나 도전에 실패하여 어려운 상황에 부닥치는 경우가 있어 솔직히 두렵습니다. 그 두려움을 줄이는 방법이 플랜 B입니다. 플랜 C도 마찬가지지만, 마지막은 실패를 받아들이는 마음가짐입니다.

플랜 B는 아이가 공부하는 정도를 파악하여 상황에 맞게 준비하면 되므로 공부법에 포함했습니다. 딸이 대학원을 준비할 때, 확실히 가능할 것으로 판단되는 대학원을 플랜 B(숭실대 대학원 국비장학생)로 설정했습니다. 3개의 대학원을 계획했는데 첫 번째 대학원 (고려대 A 대학원)에 떨어지고, 플랜 B에 해당하는 대학원에 합격했습니다. 플랜 B에 해당하는 대학원 면접에서 원서를 낸 학생 중에 토익 성적이 최고로 높다는 칭찬을 들었다고 하더군요. 그리고 마지막으로 딸이 목표했던 플랜 C, 즉 고려대 B 대학원 국비장학생 과정에 도전했습니다.

아들이 재수할 때는 플랜 B를 '삼수'로 정했습니다. 얼마나 삼수를 강조했던지, 나중에 아들이 "삼수하기 싫어서 공부를 열심히 했다"라고 하더군요. 마음속으로 삼수를 플랜 B로 정하고 재수하게 했지만, 반드시 삼수를 고집할 생각은 아니었습니다. 애초 목표가 서울에 있는 대학교에 보내는 것이었기에, 목표만 달성하면 끝낼 생각이었습니다. 그저 아들을 압박하는 수단으로 '삼수하기 싫으면 공부를 열심히 하라'는 의미였지요. 결국 아들이 연세대에 입학하고 삼수하기 싫어서 공부했다고 말했으니, 플랜 B가 공부를 열심히 하도록 하는 계기가 되었습니다.

아들이 의대에 도전한 계기는 전공 공부를 싫어했기 때문입니다. 전공이 싫다고 공부 안 하는 아들을 그냥 두고 볼 수 없어 다양한 교양 수업을 듣게 했습니다. 아들이 화공생명공학을 좋아한다는 사실을 알고 자연스럽게 화공생명공학을 복수 전공하며 대학원에 진학하는 것을 목표로 세웠습니다. 그런데 예기치 않게 화공생명공학을 공부하면 의대 편입에 도전해 볼 수 있다는 사실을 알게 되었습니다. 의대 편입학은 사실 플랜 B였습니다. 아들에게 의대에 가면 어떻겠느냐고 물어보니, 화공생명공학 공부보다 더 좋다고 했으니까요. 그래서 의대가 목표가 되었고, 결국에는 화공생명공학이 플랜 B로 바뀌었습니다. 이렇듯 아이들은 공부하는 과정에 더 좋아하는 공부로 진로를 바꾸기도 합니다.

'열등생' 꼬리표를 떼게 한, 타입별 '점프 업' 맞춤 전략

"집중은 고통스럽다. 그러나 그 고통을 견딜 수 있는 사람이 가장 빠르게 성장한다."

• 칼 뉴포트 Cal Newport, 컴퓨터공학자

내 아이가 공부하기를 싫어한다고 해서, 성적이 안 나온다고 해서 '열등생'이라고 치부하지 마세요. 공부를 못하는 게 아니라, 안 하는 것입니다. '공부가 재미있어지는 순간'이 찾아오도록 기다려 주세요.

그렇다고 손 놓고 가만히 기다리라는 말은 아닙니다. 아이가 공부하도록 자극해 주세요. 이는 공부 발화점에 불을 붙이는 것과 같습니다.

이때 주의해야 할 점은 쌍둥이 다루듯이 똑같은 방법으로 발화점에 불을 붙이려 해서는 안 된다는 점입니다. 곤충학자이자, 퓰리처상을 두 차례나 수상한 과학 저술가인 에드워드 윌슨Edward O. Wilson은 그의 저서 『인간 본성에 대하여』에서 "모든 생명체의 사회적 행동은 유전자와 환경에 의해 규정된다. 같은 유전자라 해도 환경에 따라 전혀 다른 생명체로 성장할 가능성이 있다"라고 말합니다. 즉, 일란성 쌍둥이가 유전자를 공유하지만, 성격이나 성향에서 차이를 보이는 것은 이 때문입니다.

자녀가 둘 이상인 가정에 한 아이는 공부를 잘하는데 다른 아이는 못 하는 경우가 많습니다. 물론 아이의 타고난 특성에 차이가 있어서 빨리 습득하는 아이가 있고 늦은 아이가 있는 것은 사실입니다. 저희 아이들도 마찬가지입니다. 딸은 고등학교 다닐 때까지 우등생이었지만, 아들의 성적은 하위권이었습니다. 아이의 성향과 특성에 맞게 공부시켰어야 했는데, 똑같은 방식으로 공부시켰습니다. 그것이 잘못된 것인지도 몰랐습니다. 부모의 엉뚱한 노력이 아이들을 힘들게 한 것입니다.

책상에 앉아 있지 못하는 아이: 단계적으로 집중 시간 늘리기

인간은 영아기, 유아기, 유년기, 청소년기를 지나 성인이 됩니다. 저도 당연히 모든 과정을 밟았기에 아이들을 잘 키울 자신이 있었습니다. 먼저 경험한 내가 옳고 바른 길을 알려 주면 아이가 엘리트로 자랄 것이라는 믿음이 있었습니다. 이런 마음가짐으로 아이를 만나니 막중한 책임감이 느껴졌습니다. 아이들 교육에 대해 전혀 알지 못했기에 교육서를 읽기 시작했습니다. 세상에 나와 있는 모든 교육서와 공부법 관련 책을 읽겠다는 각오로 책과 씨름했습니다.

유아·청소년기 공부법과 관련된 책에는 공부를 놀이처럼 시작해야 한다고 강조합니다. 공부를 놀이로 시작한 아이는 공부에 흥미를 갖지만, 강압적인 공부는 아이를 쉽게 지치고 실증 나게 만든다는 것입니다. 예컨대, 놀이를 통해 숫자와 셈을 익히게 하면 아이는 자신도 모르게 뇌에 재미있게 셈하는 구체적인 방법을 그려 넣게 된다고 합니다. 이 부분을 읽으며 제게 수 개념을 가르쳐 준 화투 놀이가 생각났습니다. 게임으로 셈을 배운 저는 지금도 숫자 놀이가 재미있습니다.

사무실 책상 위에는 항상 계산기가 있습니다. 수와 관련된 내용을 한 가지 알게 되면 더 알아보고 싶은 충동을 자주 느끼기 때문입니다. 예를 들면, 지구 한 바퀴가 4만km라는 사실을 알면, "아 그렇구나!"로 끝나지 않고 '서울과 부산이 4백km, 지구 한 바퀴는 서울과 부산까지 거리의 100배와 같다. 지구와 달까지 거리가 대략 40만km(약 38만 5천 Km), 지구 열 바퀴 거리와 같다, 생각보다 가깝네' 하며 계속 재미있게 계산합니다. 이렇게 저도 모르게 자꾸 계산하는 습관이 화투에서 시작된 듯합니다.

아이가 집중할 수 있는 시간은 대체로 나이에 5분을 더하면 된다고 합니다. 5세 아이는 집중할 수 있는 시간이 10분이라는 사실입니다. 10분 이상 5세 아이를 가르치려고 하면 무리인 것이죠. 겉으로는 듣는 것 같아도 집중하지 않으니 교육의 효과가 없다는 것입니다. 그런데 이 개념은 아이를 관찰할수록 틀린 것 같다는 생각이 듭니다. 집중력은 나이가 아니라 개인의 성향이나 의지에 따라 달라졌습니다.

단계적으로 아이의 집중 시간을 늘려나가는 방법으로 포모도로 기법Pomodoro Technique을 추천합니다. 이탈리아의 경영 컨설턴트인 프란체스코 시릴로Francesco Cirillo가 제안한 시간 관리 방법론으로, 집중력 향상이 목적입니다. 인간의 뇌는 쉬지 않고 한 가지 일에 몰두하기 어렵습니다. 따라서 짧은 시간의 작업과 휴식을 반복하면 집중력을 높게 유지할 수 있습니다. 포모도로 기법은 25분 동안 한 가지 일에 집중하고 5분간 쉬는 과정을 네 차례 반복한 뒤, 30분간 쉬는 것입니다. 주의할 점은 집중 시간에는 절대 딴짓을 하면 안 됩니다. 만약 딴짓을 했다면, 처음부터 다시 시작해야 합니다.

육아, 교육에 관한 정보를 알고 아이를 가르치는 것과 모르고 가르치는 것은 분명 차이가 있습니다. 교육 방법론을 모르는 부모는 아이가 집중해서 공부하고 있음에도 잘못된 판단으로 오히려 공부에서 멀어지게 만들 수 있습니다. 저 또한 아이들이 초등학생 때, 아무것도 모른 채 1시간 이상 공부하라고 명령하며 곁에서 지켜봤습니다. 이에 순종적인 아이는 자기감정을 살피지 못하고 아빠 말을 듣다가 거부 심리를 억누른 탓에 공부에 트라우마가 생겼습니다. '공부'라는 말만 들어도 회피했습니다.

독서에 흥미를 갖게 된 딸이 책을 읽고 있을 때, 같이 읽지는 못하더라도 방해하지는 말았어야 했지만 그러지도 못했습니다. 딸이 거실에서 책을 읽을 때조차도 TV를 틀어 놓고 웃고 떠들었습니다. 독서를 방해한 것입니다. 제가 교육 방법론에 대한 책을 읽은 게 아이들이 대학생, 고등학생 때였으니, 아빠로서 교육에는 빵점이었던 셈입니다. 아이들이 어릴 때 교육서 몇 권만 읽었어도 아이들이 공부를 싫어하게 만들지는 않았을 것입니다.

'점프 업' 맞춤 전략 ②
부모에게 의존적인 아이: 독립적 인격체로 성장하게 돕기

혹시 내 아이가 영재인가? 부모라면 한 번쯤 아이에게 이런 기대를 걸어 본 적이 있을 것입니다. 옹알이하는 것을 보고 우리 아이가 벌써 단어를 말한다고 착각합니다. 한 번 알려 준 사물의 이름을 정확하게 기억하기라도 하면, 영어 철자를 읽을 때 부모의 기대는 더 커집니다. 그러나 그 시기를 지나면 '그럼 그렇지, 영재는 무슨 영재'라며 성급하게 물러섭니다. 영재인 줄 알고 이것저것 시켜 보았지만, 어디에서도 아이가 두각을 나타내지 못하기 때문이지요.

부모는 기대가 컸던 만큼 실망도 큽니다. 하지만 아이의 미래가 걸린 문제에서 절대 포기도, 낙담도 금물입니다. 영재는 아닐지라도 아이는 엄청난 가능성을 품고 있으니까요. 그러므로 아이를 평소 세심하게 관찰해야 합니다. 어릴 적부터 아이들 특성을 살펴서 부족한 부분은 채워 주고, 타고난 소질은 더 빛나도록 닦아 줘야 합니다. 유아기, 청소년기는 순식간에 지나가서 아차 하고 돌아보면 벌써 다 커 버리고 더 이상 놀아 달라고 말하지 않습니다. 부모의 품에서 벗어나면 아이 교육도 힘겹습니다. 그러므로 품 안의 자식이라는 말처럼 품에 있을 때, 부모의 말을 들을 때 공부에 재미를 붙이도록 이끌어야 합니다.

자식을 사랑하지 않는 부모는 없습니다. 단지 사랑을 표현하는 방법을 몰라 자녀와 문제를 일으키고 수습하는 방법도 서툰 것이죠. 부모가 자랐던 시대의 언어를 사용해 자신의 방식으로 사랑을 표현하는데 아이들은 이해하지 못합니다. 부모의 가장 큰 잘못은 부모의 눈높이로 아이를 키우는 데 있습니다.

우리가 알고 있는 화가 파블로 피카소_{Pablo Picasso}는 아들과 손자를 마치 자신의 소유물처럼 취급했습니다. 결국 아들과 손자들은 독립적인 인격체로 바로 서지 못했지요. 아들은 평생 아버지에게 구걸하며 살았고, 손자는 할아버지가 죽은 이틀 뒤 표백제를 마시고 자살했다고 합니다. 사후에 유명해져서 가난하게 살았던 많은 화가와 다르게 피카소는 생전에 많은 돈을 모았지만, 가족은 그의 세계관에 갇혀 자기 삶을 꾸리지 못한 것입니다.

부모는 아이가 성장하는 과정에서 홀로 살아갈 힘을 기르도록 도와야 합니다. 이때 아이에게 자신을 투영하여 가르치지 말아야 합니다. 부모는 아이가 자신보다 더 나은 사람이 되기를 바라지만 자신의 교육관, 가치관, 기준과 관점으로 아이를 통제하면 아이는 부모의 정신적인 부분까지 답습합니다. 그렇다면 어떻게 아이를 교육

해야 할까요?

피카소의 예에서 볼 수 있듯 아이를 자기 방식에 가둘 게 아니라 자율성을 인정하고 스스로 자기가 할 일을 끌어갈 수 있도록 조력자의 역할을 해 줘야 합니다. 아이가 어릴수록 부모의 더 많은 개입이 필요하지만, 아이가 커 가는 과정에 따라 부모는 한 걸음씩 아이에게서 떨어져야 합니다.

공부 또한 마찬가지입니다. 공부를 부모가 대신해 줄 수 없지요. 아이가 스스로 공부할 때를 기다릴 줄 알아야 합니다. 그렇다고 아무것도 하지 말라는 말은 아닙니다. 아이가 자신도 모르게 작심할 수 있게 유인해야 합니다. 낚시터에서 밑밥을 던져 물고기를 유인하듯이 툭툭 공부의 미끼를 던지다 보면, 물고기가 걸리듯이 아이도 호기심을 품고 공부하려 듭니다. 그때가 오기까지는 밑밥을 부지런히 뿌리면서 기다려야 합니다. 되도록 '공부'라는 단어를 쓰지 않고 주변을 돌면서 아이가 관심 가지는 것들을 공부하면 쉽게 얻을 수 있다고 알려 주면 됩니다.

만약 이성 짝꿍에게 멋지게 보이고 싶어 하는 아이를 발견하면 "발표를 잘하면 짝꿍이 좋아하지 않을까?"라고 넌지시 공부 밑밥을 던져 보세요. 아이는 그 비법을 생각해 보지 못했기에 스스로 '발표해 볼까?'라고 생각할지 모릅니다.

세상에 공부하기 싫어하는 아이는 있어도 잘하는 것이 싫은 아이는 없습니다. 〈SBS 스페셜〉 제작진이 전국의 성적 급상승 학생들을 인터뷰해 만든 책 『성적 급상승 공부법의 비밀』에는 이런 글이 있습니다.

"중·고등학교 성적이 하위권에 머물다가 거짓말처럼 급상승한 경우를 보면, 어느 순간부터 '의식적으로 노력'했다는 공통점이 있다. 의식적인 노력이 시작되면 아이들의 태도는 백팔십도 달라진다. '하고 싶다'와 '할 수 있다'라는 마음이 만나 불꽃을 일으키고 나면 그 순간이 발화점이 되어 공부의 추진력에 날개를 단다."

'점프 업' 맞춤 전략 ③
질문과 토론이 두려운 아이: 하브루타로 사고력 기르기

영국 얼스터대학교 리처드 린Richard Lynn 교수와 핀란드 헬싱키대학교 타투 반하넨Tatu Vanhanen 교수가 세계 185개국 국민의 평균 IQ를 조사한 결과, 한국인의 평균 IQ는 106, 유대인은 94라고 합니다. 2017년 세계 부자 순위 10위 내에 8명이 유대인입니다. 전 세계 노벨상 22% 이상 유대인이고, 미국 아이비리그의 30%는 유대인입니다. 유대인이 이처럼 두각을 나타내는 이유는 무엇일까요? 바로 질문하는 능력에서 비롯됩니다.

유대인의 뛰어난 성취의 근본 원인은 '하브루타havruta'에 있습니다. 하브루타는 끊임없이 '왜'라고 묻고 생각하게 하는 유대인의 전통 학습 방법입니다. 우리의 교육이 '듣고 외우고 시험 보고 잊어버리는' 방식이라면, 유대인 교육은 '질문하고 토론하는' 방식이라고들 합니다.

하브루타는 질문으로 시작해서 질문으로 끝납니다. 그래서 유대인들은 세대 차이가 존재하지 않는다고 합니다. 사춘기도 없습니다. 항상 부모 형제와 토론하기 때문입니다. 유대인이었던 아인슈타인은 빛의 속도로 움직이면 어떤 일이 일어날지를 계속 자신에게 질문했습니다. 그 후 20대에 빛의 속도로 움직이는 물체들을 다루는 역학 이론인 '특수 상대성이론'을 발표했습니다.

미국의 35대 대통령 존 F. 케네디는 "말더듬중 증상에도 불구하고 대통령이 될 수 있었던 이유는 순전히 집안에서 끊임없이 토론했기 때문이다"라고 말했습니다. 케네디의 연설 기술은 가정 교육, 즉 식탁 대화의 결과였습니다. 케네디의 어머니 로즈 케네디Rose Kennedy는 자녀 교육에 열정적이었습니다. 자녀를 키우면서 식사 시간에 아이들과 대화와 토론을 습관화했습니다. 식탁 옆의 게시판에 신문 기사와 주요 잡지 기사 등 관심 사항을 붙여 놓았습니다. 케네디는 어머니의 이러한 교육 덕에 연설을 잘하는 훌륭한 정치인이 될 수 있었습니다.

'머릿속에 기억만 하고 있으면 됐지 꼭 질문하고 토론해야 하나' 하고 흘려들을 수도 있습니다. 일본의 정신건강의학과 전문의 가바사와 시온関口妙子의 저서인 『외우지 않는 기억법』을 보면, 이런 구절이 나옵니다.

"기억은 이해, 정리, 기억, 반복 4단계를 거치지만, 사실 인간의 뇌는 '이해'를 통해 사물을 기억한다. 기억은 2주간 임시보관소 '해마'에 저장되었다가 여러 번 접근하게 되면 중요 정보로 판단하고 '측두엽'에 장기 보관하는 과정을 거친다. 기억은 계속 사용함으로써 임시보관소인 해마에서 측두엽으로 이동 저장하게 된다."

부모 역시 자신의 기억을 너무 믿어선 안 됩니다. 자신의 이해를 가두면 안 돼요. 질문과 토론을 통해 확장시켜야 합니다. 세상과 사회는 하루가 다르게 변하고 있는데 아이에게만 공부를 강요하고 부모는 제자리에 머무르면 안 되지요. 21세기 AI 시대를 살아가야 하는 아이를 양육한다면, 특히나 부모가 먼저 생각을 바꾸어야 합니다.

●

부모는 아이에게 무의미하게 공부하라는 말을 반복하기보다는 자녀의 결심을 도와주고, 자신감을 길러 주어야 합니다. 스스로 공부하겠다고 결심하고 노력해야 큰 성과를 얻을 수 있습니다. 김종원 작가의『김종원의 진짜 부모 공부』에 이런 구절이 있습니다.

"부모가 아무리 뜨거운 사랑을 전했다 할지라도, 아이가 느끼지 못했다면 사랑을 주지 않은 것과 같다."

사춘기 아이의 마음을 모르는 안타까운 부모의 마음을 엿볼 수 있는 말입니다.

아이가 부모에게 바라는 것은 자신을 믿어 주고 응원해 주는 부모의 따뜻한 말 한마디입니다.

아이에게 위로가 필요한 순간에는 이야기를 들어 주는 것만으로도 아이가 힘을 얻습니다. 고민을 훌훌 털고 아이 스스로 다시 일어서지요. 정신 치료에서 자주 쓰는 말이 있습니다.

"No comment is better than any comment."

들어 주는 것이 그 어떤 말보다 더 좋다는 뜻입니다. 하지만 생각보다 실천하기 어려운 것이 '들어 주기'입니다. 아직 아이의 불만을 온전히 듣기는 쉽지 않습니다. 중간에 끊고 내 생각을 주입할 때가 많으니 부모도 듣기 훈련을 강하게 해야 합니다.

공부의 출발점은 동기부여입니다. 동기부여가 없으면 작심 3일이 되기 쉬워요. 의지는 있지만, 동기가 없다면 추진력이 쉽게 떨어집니다. 고전 연구자 신동준이 쓴 『춘추전국의 영웅들』에는 나라를 빼앗고, 부모와 형제를 죽인 원수에 대한 복수 등 많은 사연이 수록되어 있습니다. 분명한 동기가 있어야 행동하고, 뼈를 깎는 노력으로 복수를 준비합니다. 그렇게 목표에 점점 더 가까워지는 것입니다. 어떤 일이든 동기가 있으면 계획을 수립하고 결심을 향해 고됨을 잊고 달린다는 것을 보여 줍니다.

그런데 공부에 있어서 동기부여의 중요성을 알더라도 부모는 막상 자녀에게 동기를 부여하기가 쉽지 않습니다. 자칫 잘못된 방법으로 동기를 부여하기도 합니다. "의사가 돼라" "판사가 돼라" "서울대 가라" 등 목표지향적 동기부여로 아이의 심기를 불편하게 합니다. 어릴 때 공부하고 싶지 않은 건 부모도 마찬가지 아니었던가요? 그런데도 공부를 즐기는 과정 없이 무조건 목표지를 향해 뛰게 합니다. 이에 안 지치고 안 쓰러질 아이가 어디 있을까요?

공부는 자전거 타기와 비슷합니다. 많은 것 중에 자전거 타기와 비교하는 이유는 처음에는 부모와 함께하기 때문입니다. 자녀에게 자전거 타기를 가르쳐 본 사람은 알겠지만, 자전거는 넘어지는 방향으로 핸들을 돌려야 넘어지지 않습니다. 왼쪽으로 넘어지려 할 때 왼쪽으로 핸들을 돌리면 넘어지지 않지만, 오른쪽으로 핸들을 돌리면 여지없이 넘어집니다.

처음 자전거를 타는 아이는 반대로 생각하기 쉽습니다. 부모가 이를 알고 자전거가 비틀거릴 때 넘어지는 방향으로 핸들을 돌리라고 가르쳐 줘야 합니다. 아빠가 잡고 있을 테니 걱정하지 말고 타라고 말하고 슬쩍 손을 놓아 봅니다. 이렇게 운동장을 몇 바퀴 돌면 아이들은 혼자서 자전거를 탑니다. 자녀가 공부를 시작하게 할 때도 그렇게 하면 됩니다. 그러다 의식적인 노력이 시작되면 아이의 태도는 백팔십도 달라집니다.

그리고 기적은 또 다른 기적을 낳는다

"반항하며 소리치거나 두려움에 떨지 말고, 당당히 고개를 들어 사방을 살펴보라. 모든 역경 속에는 그만한 가치가 있는 보상의 씨앗이 깃들어 있기 마련이다."

• 나폴레온 힐Napoleon Hill, 성공학 연구자·작가

시중에 나와 있는 자녀 교육서를 읽고 나면, 저는 늘 두 가지 궁금증이 생겼습니다. 첫째, 이렇게 잘 키운 아이들은 지금 어디서 무엇을 하고 있나. 둘째, 그 교육 과정이 아이 삶에 어떤 영향을 끼쳤나. 분명 남다른 교육법으로 교육받았으니 남다른 삶을 살 것 같은데

정보가 없습니다. 알아볼 근거가 하나도 없습니다. 그래서 과연 이대로 따라 해도 되는지 의문이 생깁니다. 자녀 교육의 목적은 온전한 아이의 삶이었을 텐데, 성인이 된 아이는 당시 받은 교육에 대해 아쉬운 점은 없는지 궁금해집니다.

그래서 저는 마지막으로 아이들이 지금 어떻게 지내는지, 어떤 삶을 추구하고 있는지를 간략히 소개하기로 했습니다.

금융기관에 다니고 있는 딸, 흉부외과 교수를 꿈꾸는 아들

●

딸은 취업이 잘 된다는 컴퓨터공학과를 다녔지만, 전공 수업에 흥미를 잃었고 성적도 좋지 않았습니다. 그러다 보니 스스로 좋은 회사에 취업하기는 어려울 것이라는 위기감을 느꼈습니다. 국내의 많은 컴퓨터공학과 졸업생은 주로 프로그램 개발 업무를 합니다. 프로그램 개발 능력이 뛰어난 학생은 안정적인 회사에 취업하지만, 그렇지 않으면 중소 소프트웨어 개발 회사에 취업하여 프로젝트 단위로 일정 기간 옮겨 다니며 일하는 경우가 많습니다. 이는 안정적인 생활을 선호하는 딸의 성격과는 맞지 않았습니다.

이런 현실을 알고 있던 저는 딸의 대학 졸업 후 진로를 고민하게 되었습니다. 남들은 '성인'이 된 아이를 왜 걱정하냐고 쏘아붙이지만, 남의 일일 때 저도 그렇게 말할 수 있습니다. 하지만 내 아이의 일이라면 머리를 싸매고 누울 일이 됩니다. 제가 특별히 아이들을 사랑하는 마음이 커서가 아닙니다. 부모의 노파심도 아닙니다. 미리 사회를 살아 본 선배로서 아이를 보았을 때 당장 1, 2년 후 문제가 예상되기 때문입니다.

딸과 머리를 맞대고 고민한 끝에 대학원 진학을 결정했습니다. 취업의 문제만이 아니라 아이가 더 즐겁게 일할 수 있는 분야를 찾기 위해서였습니다. 정말로 대학원에서 IT 보안 관련 석사학위를 받고 나니 힘들게 느껴졌던 취업이 조금 쉬워졌습니다. 대학원 졸업 7년 차인 올해 세 번째 직장으로 옮겼습니다. 제가 한창 직장 생활하던 시절에는 한 직장에 오래 다녀야 인정받는다고 생각했는데, 요즘은 그렇지만도 않은가 봅니다. 딸아이 말에 의하면 요즘 신입 직원들은 한 직장에 오래 다니면 자칫 능력 없다는 평판을 듣는 예도 있다고 하더군요.

딸의 말이 맞는지는 잘 모르겠습니다. 그래도 아빠로서 안심이 안 돼 직장을 옮기려고 할 때마다 한 직장에 오래 다녀야 한다고 말하니, 이제는 이직에 대한 일언반구도 없이 옮긴 뒤 통보만 합니다.

『탈무드』와 여타 고전에 보면 "자녀에게 물고기를 잡아 주지 말고, 물고기 잡는 방법을 알려 주라"라는 글이 있습니다. 요즘의 언어로 풀어쓰면 "자녀에게 돈을 주지 말고, 돈 버는 방법을 알려 주라"라고 해석됩니다. 딸을 대학원에 보낸 건 부모가 물고기를 잡아 줄 수 없다는 것을 너무나 잘 알았기 때문입니다. 그동안 제가 잡은 물고기도 시원찮다고 여겼으니 아이에게 줄 만한 것이 못 되었지요. 또한 아이가 세상에서 잡을 크고 실한 물고기들이 얼마나 많은지 잘 알고 있었습니다. 그래서 지금은 아이를 응원하고 지지해 주는 것으로 아빠의 역할을 다하고 있습니다.

유치원생이던 아들 방에 넓은 우주를 보며 꿈을 크게 가지라고 천장과 벽에 야광별을 붙여 줬습니다. 아니나 다를까. 아들의 사춘기와 중학생 때, 밤에 야광별을 보면서 무한한 우주를 공상했고 유한한 자신을 생각했다고 하더군요. 유한한 삶을 살다가 다시 돌아가는 인간의 삶을 생각하며 슬픔에 빠지기도 했다니 정서적으로 울림이 있는 작업이었던 것 같습니다. 그래서일까요? 사춘기를 보낸 아들은 "의미 있는 삶을 생각하게 되었고, 생명을 구하는 의사가 되고 싶다"라고 말했습니다.

아들이 어렵게 의대에 편입했기 때문인지 처음에는 공부하겠다는 열의가 대단했습니다. 코로나19로 온라인 수업을 듣던 2020년 봄에는 학교 중앙도서관을 개방하지 않아, 수업받던 강의실에서 공부했습니다. 한번은 깜깜한 새벽에 일어나 잠이 덜 깬 상태로 강의실에 들어선 아들이 기겁하고 계단을 뛰어 내려와 집으로 도망친 일도 있었다고 합니다. 이유를 물었더니, 잠결에 강의실로 간다는 것이 습관적으로 수업받던 해부학 실습실로 갔다는 것입니다. 새벽 3시에 카데바가 있는 해부학 실습실 문을 혼자 열고 들어갔으니 얼마나 놀랐을까요? 아들은 의대에 입학하게 된 사실이 좋았던지 1학년 때는 열정적으로 공부했습니다.

저는 늘 아들에게 "즐길 수 있는 일을 하라"라고 말했습니다. 아들은 쉼 없이 뛰는 심장을 보면 지루하지 않고 평생 일할 수 있을 것 같다고 하더니, 어느덧 심장혈관을 치료하는 최고의 명의가 되어 많은 생명을 구하고 싶다는 포부를 갖게 되었습니다.

그럼에도 불구하고 우리는 부모다

아내의 교육 방침은 평범한 삶을 살도록 아이를 키우는 것이었습니다. 대부분 부모는 아이들이 공부를 잘해서 좋은 대학에 입학하고 좋은 직장에 취업해서 행복하게 사는 것을 바라지만, 아내는 적당히 공부해서 적당한 일자리를 구해 열심히 사는 것을 바랐습니다. 어쩌면 제가 열심히 가르치려는 마음에 아이들과 마찰을 일으키고, 아이들도 힘들어하는 과정을 보며 그런 생각을 했을지도 모릅니다.

특히 제가 딸을 가르칠 때는 마찰이 너무 심했습니다. 딸과 자주 다투어 집안이 하루도 조용할 날이 없었습니다. 이제 아이들이 이만큼 성장하고 사회적 역할을 명확하게 찾아 나서고 나니, 아내가 이렇게 말하더군요.

"무모하게 다그쳤지만 잘한 일 같아."

최소한 아이 진로나 취업을 걱정하지 않아도 되니 말입니다.

물론 저도 한때 평범한 삶이 나쁘지 않다고 생각해서 아내가 아이들을 가르치도록 뒤로 물러나 있었습니다. 그 결과, 딸이 원하는 대학과 학과에 입학하지 못하고, 아들이 고등학교를 자퇴하겠다고 선언했지요. 그때 평범한 삶을 살기 위해서는 얼마나 큰 노력이 필요한지 알았습니다. 누구나 열심히 살아갑니다. 열심에 '만족'이 들어가면 성취감은 두 배, 세 배, 백 배가 될 수 있습니다.

평범한 삶의 기준은 사람마다 다를 것입니다. 하지만 자녀가 적어도 스스로 돈을 벌어 생활할 수 있는 수준은 되어야 평범하다고 할 수 있을 텐데, 치열한 현대 사회에서 '평범하기'는 노력하지 않고 쉽지 않은 듯합니다.

자녀가 부모에게 도리를 다해야 하듯, 부모 또한 자식에게 책임을 다해야 한다고 생각하는 것은, 비단 저뿐만은 아닐 겁니다. 개인적인 생각이지만, 미성숙한 아이에게 모든 것을 맡겨 두고 "네 인생이니 네가 알아서 해"라는 말은 너무 무책임합니다. 아이가 낳아 달라고 한 것도 아닌데 부모가 낳았으니 막중한 책임감을 느껴야 합니다. 특히 공부와 학업 측면에서는 아이와 한 팀을 이뤄 하고 싶은 일을 할 수 있도록 그 길을 열어 주어야 합니다. 단, 오해하지 마세요. 절대로 부모의 돈이나 권력, 명예로 이를 대처하라는 말이 아닙니다. 공부가 필요한 직종이나 업무를 하고 싶어 한다면 어떻게 해서든 공부를 유도하고 가르쳐야 한다는 말입니다.

공부하는 형태를 기준으로 학생을 구분한다면 크게 세 가지로 나뉩니다. 스스로 하는 학생, 시켜서 하는 학생, 시켜도 안 하는 학생입니다. 아들은 시켜도 안 하는 학생이었습니다. 아들이 공부를 열심히 하지 않았기 때문에 의대 편입을 스스로 포기하겠다고 말했다면 저로서도 어쩔 수 없었을 것입니다. 하지만 아들은 의사가 되고 싶다고 여기저기 떠들고 다녔습니다. 공부는 안 하고 좋은 직업 갖기를 원하는 아이의 전형적인 모습을 제 아들에게서 보게 된 것이지요.

그런 아들을 독려해 길을 찾고 공부로 이끌었습니다. 천하태평형 아들이라 늘 걱정을 달고 살아온 시간이 길어, 쉽게 아들을 내려놓지 못하는 아빠가 되어 버렸습니다. 아들이 의대에 가는 순간, 내 집은 없어졌습니다. 이제 아들 자신의 몫이 된 것이지요.

세계 행복 지수 최상위권을 유지하는 덴마크의 교육은 아이들이 행복하게 인생을 살 능력을 길러 주는 것이 목표라고 합니다. 공부 안 하는 아이들을 키우느라 아이들이 행복하게 살 능력을 길러 주는 교육에 대해서는 생각해 볼 여유가 없었습니다. 아이들이 각자 목표하는 대학교에 입학했을 때, 비로소 아이들의 행복에 대해 고민해 보았습니다. 공부보다는 행복을 먼저 고민하고 방향을 잡고 아이들 교육의 지표로 삼았어야 했다는 후회가 밀려왔습니다. 돌아보면, 너무 서툰 부모였습니다.

이상적인 가정이라면 자녀와 대화를 통해 교육과 진로의 방향을 잡아나가야 합니다. 부모의 일방적인 지시나 강요는 나아갈 방향을 잘못 계산하게 만드는 요인입니다. 아이의 생각과 고민을 들으며 서로 머리를 맞대고 의견을 나눠야 합니다. 이것만이 삶에서 즐거움을 찾는 첫 번째 비결입니다. '가화만사성'이라고 하지 않던가요? 즐거운 집에서 아이의 미래의 꿈과 희망이 남다르게 자랍니다. 이렇게 자녀가 성장하는 모습을 보며 부모로서 삶의 의미를 찾아 보라고 권해 보고 싶습니다.

요즘은 아이들이 제게 조언을 구하고, 저는 또 아이들에게 의견을 구합니다. 사회를 살다 보면 너무 애매한 일, 난처한 상황, 복잡한 관계로 인한 문제가 빈번히 발생합니다. 그때마다 혼자만의 생각으로 처리하는 것보다 서로 다른 경험을 가진 아이들과 대화하면 기묘한 해법이 나옵니다. 그로 인해 세대 간 소통과 이해가 자연스럽게 이루어지지요.

아들에게 인턴 수련까지만 알아보고 손 떼겠다고 말했더니, 레지던트 마칠 때까지는 알아봐 달라고 오히려 저를 붙잡더군요. 마지못해 그러겠다고 대답했지만 내심 기분은 좋습니다. 아직 제가 아이에게 무언가를 해 줄 것이 있기 때문이죠. 바로 이게 부모입니다.

아이가 어릴수록 부모의 역할이 크다는 사실을 다시 한번 인식하세요. 특히 공부에서, 진로에서 부모의 제안이나 정보력은 막강한 힘을 발휘합니다. 부디 '내가 어떻게 알아?'라고 방관하지 말고 '내가 어떻게 해서든 알아봐 줄게'라고 다짐해 보세요. 아이의 앞길이 바뀐다면 뭐든 해야 하지 않을까요? 그게 부모이니까요.

어제와 같은
오늘은 없다

아들이 의대 편입학에 도전해 합격하던 날 "네 이야기를 책으로 쓰면 좋겠다"라고 했습니다. 아이의 학업 과정을 돕는 과정만 써도 상당히 알찬 교육 지침서가 될 것 같았습니다. 아들도 나쁘지 않겠다고는 했지만 적극적으로 반응하지는 않았습니다. 자신의 이야기가 책으로 나올 수 있다고 믿지 않은 것입니다. 아들이 의대에 다닐 때 저는 한 번 더 "네가 서울 소재 대학병원 인턴에 합격하면 이건 훌륭한 교육 방법론이 될 거야"라며 아들을 북돋워 주었습니다.

이 책을 낸 것은 사실 아들과의 약속을 지키기 위해서입니다. 아들이 모든 약속을 지켰기에, 저 역시 난생처음으로 책 쓰기에 도전했습니다. 공부 안 하는 아이들, 최하위권 아이들이 어떻게 공부하게 되는지를 알리려는 목적으로 쓰기 시작했지만, 공부보다는 아이들이 바른 인성을 가지고 성장하길 바라는 마음이 먼저였습니다. 부모는 딸이 골프를 잘한다면 그 재능을 발전시켜 줘야 하고, 아들이 음악을 잘할 수 있다면 최선을 다해 도와줘야 합니다.

어릴 적 친구들이랑 뒷동산에 올라 파란 가을 하늘에 하얀 줄을 만들면서 지나가는 비행기를 보면 "야, 줄 비행기다"라고 소리치며 놀았습니다. 그때는 20년 후 제가 그 비행기를 탈 거라고는 생각해 보지 못했습니다.

저는 당시 상상해 보지 못했던 세상에 살고 있습니다. 바로 그 줄 비행기를 타고 뉴욕, 도쿄, 싱가포르 등 세계적인 대도시로 출장 다녔으니까요. 아버지께서 지게 지고 소 몰고 밭 갈러 다니시면서, 제가 줄 비행기 타고 일하러 다닐 수 있도록 키워 주신 덕분입니다. 앞으로 20년이 지나면 아이들도 지금 제가 상상하지 못한 세상을 살아갈 것입니다. 그러기에 아이들이 잘살 수 있으려면, 우리가 상상하지 못하는 미래를 바라보며 노력해야 합니다.

우리 아이가 살아야 할 시대는 지금보다 확연히 진일보된 기술과 문명이 열릴 것입니다. 따라서 부모는 20년, 30년 후 미래 사회까지 읽어내야 합니다. 당장 눈앞의 현실만 굽어보아서는 안 됩니다. 언제나 열린 마인드로 더 멀리 보는 시각을 가지고 사회와 세계를 바라보아야 합니다. 그래야 아이가 나아갈 길이 보입니다.

아이들이 공부했던 과정은 누구에게도 다 말하지 못했습니다. 가슴에 응어리가 맺혀 있는 듯했지요.

"이번에 아들 의대 갔어."

"축하한다. 한잔하자."

대화는 늘 이렇게 끝났습니다. 아이들 공부 때문에 고생하는 지인들을 돕고 싶지만, 깊이 관여할 수 없었습니다. 세상살이가 다 그렇습니다. 10년 동안 찾아 헤매다가 어렵게 찾은, 공부 못하고 안 하는 아이 교육법을 알릴 방법은 오직 책뿐이었습니다.

아이들은 공부를 안 하고 못 했던 과정을 거쳐 성공적으로 진학했습니다. 저는 한때는 방관자로 살았고, 또 한때는 적극적으로 교육에 참여했습니다. 두 가지 입장이 다 되어 본 셈입니다. 그 과정에서 아이들과 한 팀이 되어 산전수전 다 겪었습니다. 제 고민의 결과물이 누군가에게 도움이 될 것이라 확신합니다.

이제 여러분의 자녀가 공부를 잘하고 못 하는 것은 부모인 여러분 몫입니다. '아이 교육은 내가 책임진다, 나도 할 수 있다'라는 자신감으로 과감히 도전하여 목표한 바를 반드시 이루어내길 기대합니다. 플랜 B와 플랜 C를 계획하고 도전한다면 실패는 없습니다.

세상 모든 도전하는 부모에게 이 책을 바칩니다.

참고 문헌

PART 1. 우등생을 만드는 부모 vs. 열등생을 만드는 부모

- 이성열, 『독서 고수들의 독서법을 훔쳐라』, 북오션, 2020.
- 에티드 에바 에거, 『마음 감옥에서 탈출했습니다』, 위즈덤하우스, 2021.
- 이승훈, 『말 안 듣는 아들 성적 올리는 법』, 시루, 2012.
- 이민숙, 『미니멀 엄마표 영어』, 서사원, 2021.
- 최성현, 『아이와 나는 한 팀이었다』, 위즈덤하우스, 2020.
- 최정금, 『엄마와 함께하는 학습 놀이』, 경향미디어, 2008.
- 한미애, 『엄마의 착각이 아이를 망친다』, 일상과이상, 2012.
- 신의진, 『현명한 부모가 꼭 알아야 할 대화법』, 메이븐, 2025.

PART 2. 공부 기본기부터 갖추게 해 주세요

- 앤절라 더크워스, 『그릿(Grit)』, 비즈니스북스, 2022.
- 브리애나 위스트, 『나를 지켜내는 연습』, 비즈니스북스, 2023.
- 찰스 J. 사이키스, 『딱 3년, 공부만 하는 바보가 돼라』, 스마트비즈니스, 2023.
- 캐럴 드웩, 『마인드셋』, 스몰빅라이프, 2023.
- 모로토미 요시히코, 『사춘기 아이 키울 때 꼭 알아야 할 것』, 나무생각, 2022.
- SBS스페셜 제작팀, 『성적 급상승 공부법의 비밀』, 센시오, 2021.
- 오선영, 『수학 잘하는 아이, 수학도 잘하는 아이』, 한국경제신문, 2022.

• 데이비드 예거, 『어른의 영향력』, 어크로스, 2025.

• 박은선, 『엄마의 큰 그림』, 청림Life, 2021.

• 애덤 그랜트, 『히든 포텐셜』, 한국경제신문, 2024.

PART 3. 내 아이는 결코 '열등생'이 아닙니다

• 밥 프록터, 『밥 프록터의 위대한 확언』, 페이지2북스, 2022.

• 빅터 프랭클, 『빅터 프랭클의 죽음의 수용소에서』, 청아출판사, 2020.

• 남지란, 『진짜 공부 잘하는 아이는 집에서 이렇게 합니다』, 빌리버튼, 2022.

• 김효원, 『아이에게 딱 하나만 가르친다면, 자기 조절』, 웨일북, 2025.

• 모로토미 요시히코, 『인정 욕구 버리기』, 알에이치코리아, 2023.

• 김도윤, 『1등은 당신처럼 공부하지 않았다』, 쌤앤파커스, 2018.

• 전성수·양동일, 『질문하는 공부법 하브루타』, 라이온북스, 2022.

• 전민희, "[열려라 공부] 실수 하나가 등급 가른다, 오답노트가 답이다", 《중앙일보》, 2016. 11. 2.

PART 4. 공부는 하기 싫지만 의사가 되고 싶다고?

• 아낫 바니엘, 『기적의 아낫 바니엘 치유법』, 센시오, 2022.

• 소린TV, 『서울대생의 비밀과외』, 다산에듀, 2023.

• 정태희, 『아이의 공부력 엄마가 만든다』, 생각지도, 2016.

• 쑤린, 『어떻게 인생을 살 것인가』, 다연, 2021.

• 신종호, 『이런 공부법은 처음이야』, 21세기북스, 2023.

• 신고은, 『인간의 마음을 이해하는 수업』, 포레스트북스, 2021.

PART 5. 점프하고 역전하는 공부 비법은 따로 있다

- 이한나,『나는 인생을 건 공부를 시작했다』, 토네이도, 2023.
- 알베르트 키츨러,『나를 살리는 철학』, 클레이하우스, 2021.
- 권료주,『세상 쉬운 엄마표 영어』, 마음세상, 2022.
- 서준석,『수학을 잘하고 싶어졌습니다』, 다산에듀, 2022.
- 조선미,『영혼이 강한 아이로 키워라』, 북하우스, 2023.
- 고리들,『중학생을 위한 서울대 공부법』, 행복한미래, 2011.
- 칼 비테,『칼 비테의 자녀교육법』, 미르북컴퍼니, 2015.

PART 6. '점프 업'한 경험이 아이 인생을 바꾼다

- 김정진,『기적의 밥상머리 교육』, 예문, 2021.
- 김영희,『대한민국 엄마들이 꿈꾸는 덴마크식 교육법』, 명진출판, 2010.
- 기시미 이치로,『아무것도 하지 않으면 아무 일도 일어나지 않는다』, 살림, 2016.
- 에드워드 윌슨,『인간 본성에 대하여』, 사이언스북스, 2011.
- 가바사와 시온,『외우지 않는 기억법』, 라의눈, 2023.
- 김종원,『김종원의 진짜 부모 공부』, 북로그컴퍼니, 2023.
- 칼 비테,『칼 비테 교육법』, 차이정원, 2017.